VIDAS CORRIDAS

SÉRGIO XAVIER FILHO

ABILIO DINIZ
ANTONIO MANSSUR FILHO
EDITH BERTOLETTI
GRACIEMA BERTOLETTI
FERNANDO NABUCO
JOÃO DIONÍSIO AMOEDO
MÁRCIO UTSCH
RICARDO CHESTER
SAMUCA SEIBEL

VIDAS CORRIDAS

SÉRGIO XAVIER FILHO

O que **GRANDES EXECUTIVOS** viveram em suas maratonas do asfalto e da vida

EDIÇÕES DE
Janeiro

3ª EDIÇÃO

Este livro foi revisado segundo o Acordo Ortográfico da Língua Portuguesa de 1990, em vigor no Brasil desde 2009.

Editores
José Luiz Alquéres
Renata Nakano

Capa, projeto gráfico e diagramação
Adriana Cataldo | Cataldo Design

Preparação
Martha Lopes

Revisão
Deborah Quintal
Renata Lopes Del Nero

Fotografias
Ostill – Shutterstock (capa);
Guto Gonçalves (p. 74);
Marisa Cauduro/ Editora Globo (p. 170); acervo pessoal (demais imagens)

CIP-BRASIL. CATALOGAÇÃO NA PUBLICAÇÃO
SINDICATO NACIONAL DOS EDITORES DE LIVROS, RJ

X19v
3. ed.

Xavier Filho, Sérgio
Vidas corridas : o que grandes executivos viveram em suas maratonas do asfalto e da vida / Sérgio Xavier Filho. - 3. ed. - Rio de Janeiro : Edições de Janeiro, 2020.
208 p.

ISBN 978-65-87061-03-0

1. Esporte. 2. Maratona. 3. Corredores (Esportes) - Estudo de casos - Brasil. 4. Profissionais de negócios - Brasil. I. Título.

20-66821 CDD: 796.4252
CDU: 796.422

Meri Gleice Rodrigues de Souza - Bibliotecária - CRB-7/6439
30/09/2020 02/10/2020

Edições de Janeiro
Rua da Glória, 344, sala 103
20241-180 | Rio de Janeiro, RJ
+55 (21) 3988-0060
contato@edicoesdejaneiro.com.br
www.edicoesdejaneiro.com.br

Ao doutor Sérgio, o cirurgião que ensinou com o seu exemplo
as duas lições fundamentais para o jornalismo e para a vida:

1. Para contar bem uma história, é preciso ouvi-la,
com atenção verdadeira.

2. Para que confiem na gente, é preciso ser confiável.

SUMÁRIO

APRESENTAÇÃO
MAX GEHRINGER

PRATICAMENTE TUDO o que hoje sabemos sobre a heroica proeza de um soldado que, há quase 2.500 anos, teria corrido da planície de Maratona até Atenas, carece de fontes concretas. Quase contemporâneo dos fatos, o historiador grego Heródoto, sempre citado como referência, descreveu uma corrida muito mais longa, de 225 quilômetros, percorrida de Maratona até Esparta por um soldado chamado Feidípides, para pedir reforço aos espartanos na guerra contra os persas. A outra corrida, até Atenas, para anunciar a vitória (com a adição do dramático elemento de que o soldado teria caído morto de exaustão após fazê-lo), foi uma derivação muito posterior.

Mesmo assim, como ocorre com tantas outras lendas que se transformaram em fatos pela repetição constante, a corrida de Maratona ganhou lugar cativo na história universal, por seu enredo de superação e inspiração – um simples soldado, já combalido e desgastado pelas refregas nas batalhas, porém disposto a gastar suas derradeiras energias para poder levar ao seu povo uma notícia alvissareira.

Essa foi também a opinião dos organizadores dos primeiros Jogos Olímpicos da era moderna, em 1896. Nos Jogos ancestrais não havia nenhuma corrida de longa distância, mas o francês Michel Bréal, um dos organizadores, sugeriu reviver o feito do soldado Feidípides (àquela altura, já arraigado nas páginas históricas como o corredor-mensageiro). A sugestão foi bem acolhida pela comissão organizadora, mas logo o imaginário popular se pôs a matutar: os corredores de 1896 não corriam o mesmo risco de morrer de exaustão ao final do percurso?

A solução foi uma prova tentativa, com atletas gregos que se considerassem aptos a concorrer. Em 25 de março de 1896, uma breve nota no *Jornal do Brasil* informava o resultado: "Grécia. Jogos Olímpicos. Atenas, 24. Mais de 40 mil pessoas foram assistir a essa imponente festa. Na corrida realizada, o campeão percorreu a distância marcada em 3 horas e 48 segundos". Ninguém se preocupou em medir exatamente a distância percorrida de Maratona até Atenas, mas, como ninguém havia sucumbido no trajeto, a prova foi confirmada nos Jogos, e seria vencida no dia 10 de abril pelo grego Spiridon Louis.

Em 1896, os Jogos de Atenas duraram dez dias, de 6 a 15 de abril, e 44 campeões foram laureados. No Brasil, os jornais publicaram esparsas linhas de texto sobre as proezas atléticas que se desenrolavam em terras gregas – o assunto não parecia interessar a maioria dos leitores. Dois meses depois, em 14 de junho, o jornal *O Commercio* de São Paulo criticava esse desinteresse, tanto do povo quanto das autoridades: "É de se lamentar que os países sul-americanos tão pouco cuidado dispensem à cultura física da raça, à qual as nações experimentadas do velho mundo ligam importância tão capital".

O sucesso das duas edições seguintes dos Jogos, em 1900 e 1904 (com a maratona mantida no programa), levaria o Uruguai a promover os primeiros Jogos Olímpicos na América do Sul, disputados de 10 a 25 de março de 1907, em Montevidéu – porém considerado não oficial pelo Comitê Olímpico Internacional (COI). O Brasil participou nas provas aquáticas, representado pelo Club de Natação e Regatas do Rio, e no atletismo, com o alemão Hermann Friese, do Sport Club Germânia de São Paulo (e também valoroso centroavante do time de futebol do clube).

Friese surpreendeu, vencendo os 800 e os 1.500 metros, mas os Jogos de Montevidéu não tiveram a corrida da maratona – a prova mais longa foi a marcha atlética, de 3.500 metros. Os organizadores uruguaios, assim como os gregos onze anos antes, temiam pela vida dos atletas que se dispusessem a enfrentar o duríssimo desafio de percorrer quarenta quilômetros correndo. Mais que uma demonstração de vitalidade, a maratona ainda era considerada uma insanidade.

Muito antes das competições de 1896 em Atenas, a expressão "jogos olímpicos" já vinha sendo usada pela imprensa brasileira como sinônimo de "competição atlética", e era tão difundida que até os espetáculos circenses anunciavam como "jogos olímpicos" os seus programas de "ginásticas acrobáticas de variedades". Mas a palavra "maratona" não seria empregada nas três primeiras edições dos Jogos modernos. Apenas em 1908, em Londres, a imprensa local passou a se referir à corrida como *marathon run*, nome que seria imediatamente adotado em todo o mundo.

Londres fixaria não apenas o nome da prova, como daria a ela a aura que ainda não tivera. O italiano Dorando Pietri, de apenas 23 anos, apesar de aparentar bem mais nas fotos, adentrou o estádio na primeira colocação, mas, cambaleante e já sem fôlego, foi seguidamente auxiliado pelos juízes para conseguir cruzar a linha de chegada. Dorando foi aclamado vencedor, mas seria desqualificado e a medalha iria para o segundo colocado, o americano John Hayes.

O dramático desfecho e a vitória de Hayes provocariam uma febre maratonista em Nova York nos meses seguintes. Multidões iam às ruas da cidade para ver os intrépidos corredores que "desafiavam todos os limites físicos do ser humano". Tanto interesse se espalharia pelo mundo e um de seus filhotes seria a corrida de São Silvestre, disputada a partir de 1925 nas ruas da capital paulistana. Na verdade, um quinto de maratona, porque tinha apenas 8.800

metros de percurso, mas ainda assim vista pelo povo como um desafio colossal.

Em 1912, nos Jogos de Estocolmo, aconteceu o que os primeiros organizadores mais temiam: o corredor português Francisco Lázaro, acometido por insolação e desidratação a onze quilômetros da linha de chegada, desabou na rua e faleceria no dia seguinte. Não faltou quem sugerisse a supressão da maratona nos futuros Jogos Olímpicos, já que Lázaro tinha apenas 21 anos, mas sua morte teria o efeito contrário, aumentando o interesse popular pela prova de resistência.

A maratona, entretanto, ainda levaria quatro décadas para começar a se tornar o que é atualmente: não apenas um evento em calendários esportivos, destinado a grandes atletas, mas também uma demonstração pessoal de superação, ao alcance de qualquer pessoa. Essencialmente, a maratona se coloca no nível da caminhada a Santiago de Compostela ou à escalada do Everest: uma conjugação de apuro físico, preparação mental, planejamento cuidadoso da estratégia e fé em si mesmo. A imensa maioria dos participantes atuais não entra na maratona para chegar em primeiro lugar, mas para se redescobrir e se redirecionar – "se posso superar esse desafio, posso superar muitos outros que considero inatingíveis".

Nove histórias inspiradoras (que poderiam ser novecentas) estão neste livro, captadas e traduzidas pela habilidade e sensibilidade literária do Sérgio Xavier Filho, ele mesmo um maratonista. São relatos de nove profissionais extremamente bem-sucedidos, exemplos de empreendedorismo e de carreiras conduzidas com distinção. Pessoas que, um dia, de alguma maneira, perceberam que poderiam extrair da maratona lições e conclusões que iam muito além de vestir o traje apropriado e correr um par de horas.

Vale muito a pena ler e refletir.

O que GRANDES EXECUTIVOS viveram em suas maratonas do asfalto e da vida

LÍDER DE PARTIDO

JOÃO DIONÍSIO AMOEDO

51 ANOS | MARATONISTA E ENGENHEIRO

E NADA daquela sinusite desgraçada ir embora. Há tempos ela o incomodava, mas, naquele momento, tinha piorado. Quando abaixava a cabeça, vinha uma dor. Como João Dionísio estava em São Paulo, achou melhor fazer logo os exames para resolver de uma vez por todas a história. Era final de 2009, ele ficava de terça a quinta-feira na capital paulista e reencontrava a família somente no fim de semana, no Rio de Janeiro.

Chegou bem adiantado para mostrar os exames no Hospital Sírio-Libanês. Na sala de espera, com tempo, resolveu abrir o envelope do laboratório. Linfoma extranodal de células NK/T. O susto só não foi maior do que a surpresa. Tinha ido a uma consulta corriqueira para tratar de uma sinusite boba, mas estava com um linfoma na região nasal. Ele nunca tinha ouvido falar naquilo, mas sabia que boa coisa não era. Linfoma, tumor e câncer são palavrinhas que costumam andar de mãos dadas e provocar pesadelos.

O médico ainda não havia chamado seu nome. Angustiado, João fez aquilo que muitos fazem e se arrependem – com o *smartphone* na mão, procurou o doutor Google, digitando o nome complicado. E o que parecia ruim piorou. Dois dados chamaram a sua atenção: o primeiro dizia que a expectativa de cura ficava na faixa de 30%; o segundo informava que a sobrevida média era de sete a dez meses.

João Dionísio Amoedo poderia embarcar nessa viagem. Mas o que fazer nos poucos meses que restavam? O que dizer e para quem dizer? Para onde ir? Como seria o mundo sem ele? Como ficariam sua esposa e sua filha? Como seria seu funeral? A perplexidade durou pouco. Ele mudou a página do pensamento.

A experiência com as maratonas influenciaria o homem a seguir outro caminho. Afinal, em uma prova de longa distância, o atleta evita pensar na epopeia toda. Fatia o percurso, traça objetivos intermediários, trabalha o processo, procura não pensar na caminhada inteira. Era como lidaria com essa nova maratona. Antes mesmo de o médico chamá-lo para confirmar o diagnóstico antecipado pelo doutor Google, João tinha decidido: ele faria parte dos 30% que sobrevivem. Seria sofrido, demorado, extenuante, mas ele venceria a estatística – como nas maratonas.

A maioria dos maratonistas conclui uma prova extenuada, quebrada, em um ritmo muito inferior ao do início, porém apenas 5% desistem. É muito pouco. O próprio treinamento, nos meses anteriores, ensina que desistir simplesmente não é uma opção. Percorrer 42 quilômetros é sofrido, demora a passar. Mas João era especialista em traçar metas, planejar e executar. E o linfoma era o nome de sua nova maratona – mais uma da série que tinha começado no milênio anterior, mais precisamente em 1981.

Na época, João tinha dezessete anos e já estava matriculado no curso de Engenharia Civil da Universidade Federal do Rio de Janeiro. A corrida aparecia na vida daquele garotão do Leblon como um reforço. Seu esporte preferido era o vôlei, só que aqueles dois quilômetros que corria entre Leblon e Ipanema melhoravam seu jogo. Além disso, os treinos em subida até a Vista Chinesa, na Floresta da Tijuca, aprimoravam ainda mais seu condicionamento. De repente a corrida já não era o meio, mas o fim.

Vale dizer que havia, naquele momento, uma efervescência em torno do esporte. A primeira edição da Maratona do Rio de Janeiro acontecera em 1979, sem muito alarde, com apenas 120 concluintes. Mas serviu para que o corredor e colunista do *Jornal do Brasil*, José Inácio Werneck, ficasse alvoroçado. O jornalista enxergou o potencial de algo maior e organizou, em 1980, uma prova que já contaria com estrelas internacionais do esporte.

O tema acabou atraindo atletas de outras modalidades. Afinal, o *Jornal do Brasil* era o grande veículo de imprensa do Rio de Janeiro, e Werneck fazia da maratona o tema principal de suas colunas. Muita gente queria participar daquele evento tão badalado. E, com exceção da São Silvestre, o Brasil não tinha grandes corridas de rua, muito menos maratonas. Logo, despertou a curiosidade de atletas de todo o Brasil, em especial dos cariocas, e ainda mais daqueles que não tinham a menor condição física para encarar os 42 quilômetros.

João Dionísio era um deles. Autodidata, comprava livros norte-americanos e montava os próprios treinos – não exatamente da maneira correta. Em cada treinamento, queria superar o tempo da véspera. Festejava internamente cada recorde conquistado e, pelos tempos batidos nas distâncias mais curtas, tinha potencial para fazer uma maratona em menos de 3h30.

Foi assim, sem ter cumprido suficientes treinos longos, que João partiu para a sua primeira corrida oficial. Em 1981, voou nos primeiros quilômetros e aterrissou desajeitado no final. Caminhando e totalmente quebrado, completou a maratona em 4h00min13. Ficou furioso, pois fechar a prova em mais de quatro horas não fazia sentido para quem tinha tanto potencial. As barreiras psicológicas das horas cheias não são tão imaginárias assim. Chegar àquele tempo equivalia a tomar bomba no primeiro vestibular esportivo a que se submetia.

O fato era que João havia chegado à semana da maratona cansado dos treinos e dos recordes de treinos. Levaria alguns anos para compreender que o pico de treinamento deve ser atingido ao menos duas ou três semanas antes da corrida. E que era fundamental baixar a quilometragem e a intensidade nos dias anteriores à prova. Descansar no dia da corrida seria o que o treinador de João sugeriria. Isso se ele tivesse um...

Aquela era também a época em que o triatlo dava seus primeiros passos no Brasil. Com suas praias e montanhas, o Rio de Janeiro mostrava-se o lugar perfeito para sediar provas de corrida, natação e ciclismo. João Dionísio embarcou nessa primeira onda, e logo se inscrevia nas competições que surgiam. Por volta de 1984, leu sobre a prova Ironman do Havaí. Pronto. Era aquilo que queria. A maratona era um desafio gigante que exigia treino, planejamento e determinação, mas nadar 3,8 quilômetros, pedalar 180 quilômetros e só depois correr uma maratona demandavam muito mais. Além da força física, o desafio exigia inteligência triplicada para projetar cada etapa e gerenciar as dificuldades – era justamente a especialidade do estudante de engenharia, que já direcionava a carreira para o mercado de capitais e iria trabalhar, logo em seguida, no Citibank.

João mergulhou de cabeça no novo esporte e passou a disputar as Golden Cups, a versão carioca e reduzida do Ironman. Com largada na Pedra de Guaratiba e chegada no Posto 6, em Copacabana, a prova tinha 1,5 quilômetros de natação, 55,5 quilômetros de pedal e 11,2 quilômetros de corrida. João Dionísio pegou o espírito da coisa. Aprendeu a dosar o esforço em cada modalidade e, assim, em pouco tempo, estava cravando tempos na faixa de 3h40, nada mal para um triatleta aprendiz.

Foram quase oito anos treinando e disputando provas de triatlo, até que surgiu um convite profissional que mudaria o rumo do jovem executivo. Os economistas Fernão Bracher, Antônio Beltran Martinez e Pérsio Arida haviam criado, no Rio de Janeiro, um agressivo banco de investimento chamado BBA (iniciais dos sobrenomes do trio). No entanto, o mercado de capitais brasileiro passava necessariamente por São Paulo e era vital montar uma operação na capital paulista. Cândido Bracher, filho de Fernão, ouvira falar de João Dionísio. Além de engenheiro, o jovem tinha concluído o curso de administração de empresas na PUC. Cândido convidou João a mudar de cidade – e João aceitou, sem saber ainda que mudaria também de vida. A rotina massacrante do banco o afastaria do esporte. Por uns cinco anos, tornou-se um sedentário, que, no máximo, praticava *windsurf* nos fins de semana em que conseguia fugir para o Rio de Janeiro com Rosa, sua mulher.

A saudade dos tempos saudáveis bateu. Em 1996, ele recomeçou, quase que da estaca zero, treinando corrida com um técnico chamado Helvio Mensitieri Júnior. Contudo, o reinício foi menos complicado do que o esperado – o corpo acumula uma espécie de memória esportiva e tende a se lembrar rapidamente dos treinos. As práticas da década anterior estavam de algum modo registradas. Dessa forma, ele conseguiu seguir trabalhando as dez, onze horas diárias. Acordar mais cedo e já chegar ao trabalho com as endorfinas resolvidas não lhe tirava o ânimo. Pelo contrário, chegava ainda mais disposto.

João morava a poucos minutos do Parque Ibirapuera, não tardou para que o ritmo voltasse a ficar forte e que voltasse também a nutrir o sonho de participar do Ironman. Em 1996, ele programou uma viagem para a Baviera. A cidade de Roth não figura exatamente em destaque no mapa turístico da Alemanha. Mas, se o triatlo resolvesse escolher sua capital mundial, Roth seria uma boa candidata. A cidade abraçou o esporte de uma forma carinhosa e verdadeira. Havia gente na rua torcendo, paisagens lindas, mais de 4 mil atletas competindo. Era difícil não se contagiar pelo clima, e João foi vítima disso. Assim que as inscrições de 1998 foram abertas, ele já tinha o nome na lista do Ironman. Por isso procurou um treinador que começava a se especializar em triatlo, o magricelo Marcos Paulo Reis, que era um dos primeiros com uma boa noção de natação, ciclismo e corrida. Anos mais tarde, inclusive, ele comandaria o time olímpico brasileiro de triatlo. Não seria fácil se preparar para o desafio gigante dessa competição em três modalidades diferentes.

Eram tempos difíceis também na economia. O BBA tinha comprado uma financeira de automóveis, a Fináustria – ideia, aliás, que fora do próprio João Dionísio. No entanto, o negócio precisava de um gestor, levando o banco a procurar bons nomes no mercado. Estava complicado, por isso João Dionísio levantou o dedo e se colocou como opção. Ele toparia a encrenca, mas só aceitaria ficar responsável pela operação com uma boa participação societária. Por fim, os donos do BBA toparam.

Depois disso, o que parecia complicado se tornou um verdadeiro pesadelo. A crise asiática de 1997 pegou todos do mercado de calças curtas. A primeira onda se formou na Tailândia, que decidiu tornar seu câmbio flutuante e provocou uma respeitável desvalorização de sua moeda diante do dólar. Logo Filipinas, Malásia, Indonésia e Coreia do Sul foram na mesma direção. O dinheiro evaporava, bolsas do mundo inteiro despencavam e os investidores ficavam ariscos. O *tsunami* financeiro atingiu com força a costa brasileira. Em um só dia, a Bovespa caiu 8%. Diante dessa situação, administrar uma financeira significava uma tremenda dor de cabeça. E o pior ainda estava por vir. O dólar saltou de um real para 1,30, levando os juros no Brasil a dispararem.

Foi em meio a essa crise que o treinamento para o Ironman entrou na vida de João. Rotina pesada. A semana começava com uma hora de treino de bicicleta. Na falta de um bom lugar para pedalar, João Dionísio usava o rolo (bicicleta fixa) de casa. Além disso, tinha dois ou três treinos noturnos semanais de corrida e mais dois de natação nas noites que sobravam. O momento mais pesado ficava guardado para o sábado: sessenta a oitenta quilômetros de pedalada que terminavam no *campus* da USP. Depois, trocava a sapatilha pelo tênis e emendava ao menos vinte quilômetros de corrida. Não raro engatava um terceiro turno e ia para a piscina completar o triatlo, chegando em casa umas três da tarde. No resto do dia se arrastava ou dormia. E no domingo pela manhã partia para uma pedalada de 120 ou 130 quilômetros. O saldo final da semana era assustador: mais de vinte horas suando em três modalidades diferentes. E ainda arranjava tempo para brincar com a filha Ana, na época com sete anos. Não pode ser coincidência o fato de ela ter virado triatleta depois de adulta...

Agora, se o corpo pedia sossego diante de tanta atividade, a cabeça agradecia o descanso mental nos treinos. Tudo aquilo levava João a entender que era tempo de radicalizar na Fináustria. A crise exigia uma administração mais ousada. Não dava para simplesmente ir empurrando o dia a dia. Era necessário estabelecer um pacto com os funcionários, um pacto de produtividade. A planilha do triatlo, de certa forma, se fazia presente no expediente comercial. Qual era a meta da semana? Como fazer para cumpri-la? Uma vez feitos esses combinados, o resultado seria cobrado. Os vencedores seriam premiados lá adiante, mas os derrotados ficariam pelo caminho.

Nessa época, o *turnover* foi enorme. Houve várias demissões. No entanto, quem foi demitido soube exatamente por que estava saindo. Era uma questão de estabelecimento de meta, resultado e avaliação. Afinal, a lógica do varejo determinava que o negócio fosse avaliado pelo seu faturamento. Na cabeça de engenheiro do mercado financeiro, aquilo não fazia sentido. A métrica deveria ser o lucro, todo mundo deveria pensar também em custos. Pouco importava o quanto se vendia, o parâmetro mais importante era a rentabilidade.

Em dois anos, os resultados da Fináustria começariam a aparecer. Em 2002, a empresa figurou entre as cem melhores empresas para se trabalhar segundo o *ranking* da revista *Exame*. Além do bom ambiente profissional, também foi determinante a questão da remuneração variável. Os funcionários, e não só os diretores, estavam triplicando seus salários anuais justamente em função da boa distribuição de lucros. A máxima dos treinamentos se impunha no ambiente: se o funcionário treinava bem, o resultado aparecia.

Contudo, até o planejamento mais minucioso pode ser atropelado por um imprevisto. O primeiro Ironman de João, no ano de 1998, lembrou sua experiência atrapalhada com a primeira maratona, mais de uma década antes. João Dionísio cumpriu com esmero as planilhas delimitadas e viajou para a Baviera com a prova inteirinha na cabeça. Sabia o que comer, o que tomar e exatamente quando consumir tudo isso. A cada quarenta minutos, ingeriria um gel de carboidratos e aminoácidos. Sabia até como domaria a mente: tinha treinado a cabeça para não ser traído pelo cansaço, fragmentando a prova em trechos menores e traçando objetivos intermediários.

Só que, no fim, foi vítima de uma terrível conspiração bacteriana. Na semana anterior à prova, afundou-se em uma gripe que o jogou na cama. Não sabia se confiava em uma reação heroica do corpo ou se apelava aos antibióticos que, por certo, derrubariam o seu rendimento. Já em Roth, na Alemanha, torcia para que a gripe passasse logo. Nos dias anteriores à prova, tentou trotar doze quilômetros, mas sentiu-se acabado. Tentou pedalar, porém veio ainda mais cansaço. Pragmático, combinou , durante a prova, de se encontrar com a mulher Rosa ao final da natação. Tentaria nadar os 3,8 quilômetros e avaliaria o seu estado geral. O sacrifício tinha limite. Não brigaria com as circunstâncias, estava preparado para desistir.

Entretanto, seu desempenho da natação na prova foi melhor do que esperava. Chegou inteiro. Assim, decidiu tentar o pedal, já que o corpo estava ajudando. Veio a primeira das duas voltas do ciclismo e estava tudo certo. Também terminou bem a segunda volta. Após 3,8 quilômetros nadando e 180 quilômetros pedalando, seguia no jogo. Em seguida, largou a bicicleta, tirou as sapatilhas e calçou os tênis para a maratona. Só que aí não teve jeito: a gripe cobrou a conta da semana. Percorreu os 42 quilômetros em pouco menos de quatro horas. Foi difícil e doído. Mas vale dizer que o tempo de 11h09 é para orgulhar qualquer um, ainda mais um estreante na modalidade. João voltou para casa com os pés em frangalhos, com bolhas e sem várias unhas, porém estava definitivamente contaminado pelo vírus da competitividade. Queria melhorar no triatlo, e sabia que podia.

Já registrado no Ironman de Roth de 2009, inscreveu-se na Maratona de Veneza disposto a cumprir o que ainda não havia feito: completar uma maratona sem caminhar em nenhum momento. O ciclo de treinamento para a ocasião fora perfeito, ele estava rápido e não havia gripe na véspera da prova para tumultuar. João largou com Rosa, que fazia sua maratona de estreia, e colocou toda a sua energia. No final, o relógio confirmava 3h12 de prova. Quando encontrou a esposa, feliz por ter marcado o tempo de 4h30, trocaram impressões sobre o percurso. Ela comentou sobre uma linda ponte, mas ele estranhou, não se lembrava de ponte alguma. Depois se deu conta de que estava tão concentrado no ritmo, nos batimentos cardíacos e na própria respiração que nem desfrutou do privilégio de correr em uma das mais belas cidades do mundo. Ele poderia ter corrido na periferia de Bombaim que não faria diferença. O que importava era sua performance, nada mais.

O desempenho de João no horário de trabalho seguia a mesma lógica. Com autonomia no BBA, a Fináustria seguia cada vez melhor. Quando aceitou comandar a operação, João assegurou junto aos donos do banco que ele e os principais executivos poderiam comprar ações da financeira. E quem apostou na ideia colheu os frutos. Em 2002, o Itaú decidiu adquirir o BBA com todos os seus braços. Cada negócio foi avaliado separadamente pela rentabilidade e eficiência, e a Fináustria brilhava feito neon em uma sala escura – ela se destacava em todos os parâmetros numéricos. Naquele momento, João e vinte de seus principais colaboradores, que tinham comprado ações durante o período de vacas magras da economia, tinham motivos para rir de orelha a orelha. Em média, a turma quintuplicou o investimento inicial. Alguns tinham ficado ricos, mesmo.

A partir dali, João Dionísio Amoedo mudaria também de patamar profissional. Pedro Moreira Salles, um dos principais acionistas do Itaú, convidou-o para um posto na tesouraria do Itaú, depois para a vice-presidência e enfim para o Conselho de Administração do grupo todo. Até hoje João reserva uma tarde por mês para as reuniões do conselho do Itaú.

Sem uma operação diária para tocar, finalmente sobrou tempo para gerir os próprios investimentos e participar do conselho da Construtora João Fortes. Podia, ainda, pensar na vida e pensar em problemas que sempre o atormentaram. Filho de um médico que aos 83 anos ainda atendia em um hospital municipal do Rio de Janeiro, João Dionísio nunca aceitara o descaso da máquina pública. Em um jantar com Roberto Motta, amigo e ex-colega do colégio Santo Inácio, a luz se acendeu. Por que não tentar fazer uma transfusão de valores da iniciativa privada para a administração pública? O governo estadual do Rio de Janeiro seria o primeiro foco de atuação. Eles juntaram mais amigos empresários e arrecadaram recursos para um fundo que contratou o Instituto Falcone de Minas Gerais. O instituto elaborou projetos, primeiro na área de segurança, que foram oferecidos ao governo do Rio de Janeiro. No início, a ideia apresentou resultados, mas logo a máquina pública triturou a iniciativa e voltou a funcionar como de costume. Havia burocracia em excesso, favorecimentos, corrupção, o de sempre.

A contradição estava posta. Como plantar ideias novas se a terra estava cansada e os agentes políticos seguiam com velhas práticas? Em 2009, a semente do primeiro jantar germinou dentro de uma lógica diferente. E se esse grupo de empresários e executivos que se formava em torno de João Dionísio desafiasse a estrutura do poder? Talvez com a criação de um partido novo? João passou a pesquisar modelos de partido fora do Brasil e se deteve especialmente no Partido Liberal Democrata inglês. A tal proposta foi ganhando consistência até que virasse o Partido Novo. Se faltou originalidade na hora de batizar o partido, sobrou no momento de escrever seu ideário. A filosofia geral foi baseada na ideia de trazer a excelência administrativa da iniciativa privada, tão rara na gestão pública. Afinal, planejamento, meta, gestão da execução e avaliação são princípios básicos perfeitamente aplicáveis para alcançar objetivos tão díspares quanto correr maratonas e tirar financeiras do buraco.

Vale dizer que João decidiu seguir pelo caminho mais complicado. Primeiro queria engajar uma base pelo conceito, para só depois pensar nos grandes nomes que virariam candidatos. Seria infinitamente mais fácil cooptar um campeão de votos qualquer para liderar o processo. Com um rosto, o partido se tornaria mais palatável e a busca das 500 mil assinaturas necessárias para registrá-lo seria encurtada. No entanto, a consistência se perde quando o engajamento não vem de conceitos debatidos e assimilados pela base. O novo não se faz com o velho.

Foi um trabalho de formiguinha. Eram viagens, reuniões e discussões em torno do ideário, tudo para criar diretórios que seriam fundamentais na formação do partido. Alguns conceitos batiam de frente com a velha política. A ficha limpa, por exemplo, era uma questão de honra. O partido não permitiria integrantes com ficha suja em seus quadros. A reeleição também não existiria, um deputado eleito não poderia tentar o segundo mandato – para outro cargo eletivo sim, mas nunca para o mesmo. Tudo isso porque a motivação eleitoral (ou eleitoreira) pode embaçar o trabalho no legislativo ou no executivo; este era um princípio para o grupo que se formava.

O partido ganhava corpo até que, em dezembro de 2009, João resolveu investigar aquela sinusite que o incomodava. Bem, não era uma sinusite. Era um linfoma extranodal de células NK/T, um câncer tão raro quanto agressivo. João entrou de cabeça no processo. Buscou informações, procurou o que existia de melhor em tratamento no mundo todo. Em Houston, nos Estados Unidos, um médico mencionou uma pesquisa importante e pioneira que estava sendo feita na Coreia do Sul. Fazia sentido. O linfoma tinha uma incidência maior na população oriental, portanto era natural que viesse de lá a busca maior por respostas. O tratamento testado pelos coreanos combinava radioterapia com quimioterapia – tão agressivo quanto o próprio linfoma. Não seria um tratamento fácil nem idolor, mas maratonas e Ironman também não eram.

Sua excelente forma física era certamente um trunfo de João. Mesmo assim, os tratamentos o derrubavam. Entre fevereiro e julho de 2010, ficou 60 dias hospitalizado. Em uma das internações, penou com uma infecção renitente, e sua vida ficou em risco. Passou seis meses com náuseas, fortes dores de cabeça, e sempre piorando. Como a radiação é cumulativa, os sintomas se agravavam. A perda de cabelo era o menor dos problemas. Em algumas semanas, ele não tinha força para sair da cama. A musculatura atrofiou, mas João Dionísio sabia que aquilo tudo tinha prazo de validade.

Em agosto de 2010, recebeu a primeira grande notícia. O linfoma sumiu. Depois disso, os primeiros dois minutos que conseguiu correr na esteira tiveram o simbolismo do primeiro Ironman. Foram duríssimos, mas maravilhosos. Com a saúde recuperada, reassumiu com força o papel missionário no Partido Novo. As sementes estavam espalhadas pelos estados, só que era preciso regá-las pessoalmente. O papel de presidente do partido passou a ocupar grande parte de sua agenda, e o sonho ia se concretizando.

O próprio escritório paulista, na cobertura de um elegante prédio no bairro do Itaim, mudou de cor, foi ganhando detalhes em tom laranja, a cor do Partido Novo. Os colaboradores de João Dionísio seguiam gerindo seus investimentos, mas o assunto do dia era quase sempre política e viagens. Como um pregador da livre-iniciativa, ele intensificou as palestras e passou a se reunir com mais frequência com os companheiros de partido. O momento político brasileiro favorecia a ação. As próprias manifestações de 2013 eram um sinal de que a população buscava algo novo na política. A acirrada eleição de 2014 também abriu mais espaço para a discussão de uma nova via. E tudo aconteceu no momento certo, justamente quando o Partido Novo precisava de divulgação para vencer seu primeiro grande desafio: a confirmação das 500 mil assinaturas necessárias para a legalização do partido.

A vitória sobre o linfoma ia se confirmando em exames trimestrais. O corpo reagiu e, em maio de 2013, João estava pronto para mais uma largada. Com mais 8 mil atletas, nas barcas de Niterói, aguardava o sinal para partir para a meia-maratona que atravessaria a ponte e percorreria o Centro do Rio de Janeiro até a chegada no Aterro do Flamengo. Era uma corrida com jeitão de anos 1980, a época em que João entrara no esporte. Afinal, a ponte Rio-Niterói foi inaugurada em 1977 e logo virou uma das principais atrações turísticas de um lugar dominado por atrações naturais. Assim, surgia a Meia da Ponte, proporcionando aos participantes o privilégio de passar correndo por aquele espaço reservado aos carros. No entanto, a prova ficou 25 anos sem acontecer e só entrou novamente no calendário esportivo brasileiro em 2011.

Para João, voltar a correr uma prova mais longa após o linfoma era uma sensação e tanto. E ele não estava sozinho, desta vez teria uma companhia especial, a filha Ana Luiza, então com 23 anos. Conseguiriam completar correndo? Seria possível cumprir em menos de duas horas? Se completar a primeira maratona em menos de quatro horas escapou dos dedos do pé por míseros treze segundos, naquele momento ele conseguiria. Ana ultrapassou a linha de chegada no Aterro do Flamengo com 1h59min24. João cruzou dois segundos depois. Mas o tempo realmente era o de menos.

ALMAS GÊMEAS

GRACIEMA BERTOLETTI

43 ANOS | MARATONISTA E ECONOMISTA

EDITH BERTOLETTI

43 ANOS | MARATONISTA E ADVOGADA

ELAS ESTAVAM alinhadas, mais uma vez. Misturavam-se entre os 40 mil corredores da Maratona de Chicago. Era um desafio e tanto saber quem era quem: tinham rostos idênticos, ritmos parecidos e olhares igualmente determinados. As camisetas que vestiam também pareciam travessura da dupla para confundir quem tentasse desvendá-las. Amarelas com as mangas pretas, traziam o mesmo nome estampado na frente: Bertoletti.

Graciema e Edith não faziam muita força para evidenciar suas individualidades. Pela oitava vez, corriam juntas uma maratona, mas, naquele momento, os objetivos eram ligeiramente distintos. Edith estava mais rápida e teve mais tempo para treinar. Queria completar os 42 quilômetros com um tempo abaixo de 3h20. Já Graciema tentava bater o seu recorde pessoal, algo em torno de 3h24. Metas ambiciosas, complicadas para quem era amador – mas nada diferente da história de vida delas.

Sempre seguiram assim, com uma meta, um plano, um processo e a execução – tanto na escola e no esporte quanto na vida. O companheirismo também se fazia presente. Uma largava na frente, a outra ia atrás. A competitividade até murchava diante da complementariedade entre as duas. Para ir mais longe, uma se apoiava na outra – um estímulo gerava um novo estímulo e assim elas evoluíam.

Filhas de um engenheiro civil mineiro e de uma jornalista e advogada baiana, Graciema e Edith nasceram em Roma na época em que o pai era bolsista na Itália. De volta ao Brasil, as duas estudaram juntas no Colégio Santo Inácio, um dos mais tradicionais do Rio de Janeiro. Já ali uma puxava a outra, como seria pelo resto da vida.

Depois disso, Graciema rumou para a Economia, enquanto Edith se decidiu pelo Direito. Exigentes, não toparam nada menos do que a Universidade Federal do Rio de Janeiro. E, se não eram as mais brilhantes de suas turmas na UFRJ, compensavam pelo esforço – viravam noites estudando e estavam sempre no primeiro pelotão da classe. Sua dedicação foi premiada logo. Graciema nem tinha se formado e já começava sua carreira profissional no BankBoston em 1995. Por sua vez, Edith debutava como advogada do escritório XBB, e emendava um mestrado em Direito de Negócios na PUC-Rio. Edith continuaria no Rio de Janeiro e Graciema seria transferida para a sede paulista do BankBoston. Seria o primeiro momento da vida em que as gêmeas iriam morar em cidades diferentes. O reencontro entre as irmãs ocorreu em uma terceira cidade, mas isso só em 1998.

Foi no ambiente profissional que a maratona cruzou o caminho das irmãs. Primeiro aconteceu com Graciema, pois o BankBoston oferecia aos funcionários o benefício de uma assessoria esportiva. E mais: em 1995, o banco decidiu premiar a dedicação dos empregados na prática. Assim, os corredores mais rápidos na São Silvestre daquele ano seriam contemplados com uma viagem para a Maratona de Nova York no ano de 1996.

Vale lembrar que a São Silvestre de 1995 foi especialmente marcante para as mulheres. Pela primeira vez na história uma brasileira chegaria ao lugar mais alto do pódio. A brasiliense Carmem de Oliveira, até hoje recordista sul-americana da maratona, cumpriria os quinze quilômetros da prova em cinquenta minutos.

Naquela ocasião, outra mulher, Graciema, aproveitou as boas condições do tempo (24 graus Celsius, 70% de umidade do ar) para fazer uma boa prova. Chegou muito depois, em 1h20, um marco bom o suficiente para levar o caneco particular do banco: ao cruzar o pórtico da avenida Paulista à frente das dez colegas de banco que participaram do desafio, Graciema já estava automaticamente inscrita na Maratona de Nova York de 1996. Só havia um problema: ela nunca tinha corrido mais do que quinze quilômetros e não fazia a menor ideia de como correr uma maratona...

No entanto, apesar da preocupação, o "Projeto NY" haveria de ser ao menos um passeio interessante. Graciema telefonou para a irmã gêmea e combinaram de correr para depois passearem juntas por São Paulo. A irmã estava mais longe ainda de ser uma maratonista. Afinal, ela trotava, não treinava corrida para valer. Como o BankBoston oferecia os serviços da assessoria esportiva MPR, de Marcos Paulo Reis, Graciema tinha uma planilha básica de treinos para seguir até o dia da maratona. Assim, compartilhou a planilha com Edith, que morava no Rio de Janeiro.

Contudo, inicialmente, os objetivos das irmãs não eram os mesmos. Se Graciema pensava em terminar a maratona do jeito que fosse, Edith estava em um clima diferente. Tinha topado tudo mais pelo companheirismo do que pelo desafio esportivo. Decidiu, então, que tentaria acompanhar a irmã até a altura da meia-maratona. Mal sabia ela que, em Nova York, é quase proibido parar. Não há nada no regulamento que obrigue o participante a completar os 42 quilômetros, só que na prática são dois milhões de pessoas que berram dos dois lados das avenidas para os desconhecidos corredores. É tanto apoio e tanta torcida que quem pensa em desistir fica até constrangido de pegar o metrô até a chegada. Para se ter uma ideia, em 2014, menos de 1% dos atletas que largaram não chegaram até o final para botar a medalha no peito. Dos 50.564 que partiram, somente 305 ficaram pelo caminho. Não dá para desistir em Nova York. Não seria diferente com a dupla Bertoletti.

Para complicar, durante a preparação para a maratona, Graciema viu brotar uma dolorida fascite plantar na sola do pé direito. Entre todas as lesões de corrida, a fascite é uma das mais desagradáveis. A membrana da planta do pé, chamada de fáscia, inflama e provoca dor já no momento em que se acorda. Para desinflamar, só com muito gelo, fisioterapia e... paciência. Como paciência nunca fora o forte de Graciema, o treino para a primeira maratona teve de ser interrompido algumas vezes em função do retorno da lesão.

Primeiras maratonas costumam ser mesmo complicadas, e as irmãs também viveram essa experiência. Mas, mesmo com o despreparo de Edith e a lesão de Graciema, o tempo de estreia foi razoável: 4h49, com uma correndo ao lado da outra.

Pronto. A dupla tinha estabelecido o primeiro "pacto das maratonas". Elas queriam mais, queriam tempos melhores, queriam fazer as provas juntas. Viriam outras nos anos seguintes, viriam provas de dez quilômetros e meias-maratonas, mas era na distância cheia que elas se encontravam, se desafiavam e se divertiam.

A maratona seguinte de Graciema teve relação direta com uma reviravolta em sua vida. Seu sonho de fazer pós-graduação em Economia na Universidade de Harvard, em Boston, era maior do que tudo. Mas ela abriria seu foco. Assim, Graciema disparou torpedos em várias direções, com o objetivo de ser aprovada para um MBA em alguma universidade americana. Além de Harvard, tinha feito prova em Chicago, no MIT de Massachusetts e na Universidade de Columbia, em Nova York. Foi avisada de que tinha passado nas últimas três. Só que faltava Harvard, logo Harvard. Até que um dia chegou um envelope de Boston. Será que eles desperdiçavam correspondência para mandar más notícias? Graciema enrolou, mas tomou coragem para abrir a carta. Começava com "We are pleasure...". Sim, ela tinha passado.

Edith também tinha o sonho de cursar um mestrado nos Estados Unidos, só que não teve a mesma sorte logo de cara. Ela não foi aprovada em Harvard, mas já havia recebido de Stanford, universidade na costa oeste americana, a confirmação de sua pós-graduação em direito tributário. Stanford é uma excelente universidade, que fica em um lugar aprazível para morar, com suas ruas arborizadas e tranquilas. Mas o plano era Boston e, quando as Bertoletti traçam uma meta, fica difícil mudar. Assim, Edith não teve dúvidas. Estudou tudo de novo, "aplicou" mais uma vez para Harvard e passou. Iria morar com a irmã gêmea em Boston. Iriam estudar para valer. E correr.

Em Boston, as duas foram contaminadas pela cultura americana do *running*. Boston não é apenas a capital de Massachusetts, mas uma espécie de capital mundial da corrida. A maratona, como a conhecemos hoje, nasceu lá em 1897 e acontece desde então sem interrupções – nem durante a Segunda Guerra Mundial ela deixou de ocorrer. Além de centenária, a prova, que acontece sempre na terceira segunda-feira de abril, no feriado do Dia do Patriota, passou a simbolizar a meritocracia no esporte. Isso porque, para se inscrever em Boston, é necessário já ter corrido uma maratona anterior e atingido uma determinada performance. Os tempos variam conforme a faixa etária e o sexo, mas a nota de corte é pra lá de exigente.

De uma forma geral, apenas os 10% mais rápidos nas grandes maratonas teriam índice para correr em Boston. Um homem de trinta anos, por exemplo, precisa ter feito uma maratona em menos de 3h05 para se inscrever. Há, porém, outra maneira de conseguir o direito à inscrição, não menos nobre. A organização da prova reserva 12% das vagas para participantes que façam contribuições generosas a instituições de caridades, superiores a quinhentos dólares. Tudo isso torna a prova especialíssima e faz com que a cidade respire esse clima esportivo o ano inteiro.

Só o fato de o participante ter o direito de largar já mostra que ele é um "corredor de raiz" – ou treinou demais ou já veio com DNA queniano de fábrica. Em 1997, na prova comemorativa do centenário da maratona, Graciema ainda não tinha desempenho comprovado para Boston – o que, anos mais tarde, teria de sobra. Por isso, naquele ano, participou da maratona pela outra via possível, contribuindo com instituições de caridade. Terminou a prova marcando em torno de quatro horas.

Mas as irmãs Bertoletti estavam apenas se aquecendo. A performance da dupla daria um salto de qualidade ao longo do período em que estudaram nos Estados Unidos. Em 1999, era Edith quem estrearia em Boston, também arranhando o marco "sub-4 horas". Ela encarou as subidas e descidas de Boston em 4h02. Já com o MBA em Harvard terminado, Graciema partia para trabalhar em Nova York no ABN Amro Bank. Aproveitou, então, para melhorar seu tempo na Maratona de Nova York, completando-a em 4h29, quase vinte minutos mais rápida do que na prova de estreia.

Edith não demoraria muito para seguir o mesmo caminho. Os escritórios de advocacia nova-iorquinos mantêm a prática de contratar estrangeiros que tenham concluído seu mestrado nos Estados Unidos. Assim, primeiro Edith recebeu um convite de um escritório chamado Shearman & Sterling e, em seguida, iria para um dos mais importantes nos Estados Unidos, o Sullivan & Cromwell, no qual trabalharia pelos seis anos seguintes. Também chegava o momento de sossegar e construir uma família. No final de 1997, Edith tinha sido apresentada a um jovem executivo do mercado financeiro. O namoro com o carioca Carlos Augusto Gamboa engatou rápido. O difícil era namorar porque os dois viviam em ponte aérea. Em 1998, Edith estava em Boston e Guto no Rio de Janeiro. No ano seguinte, ele fazia um MBA na Filadélfia e ela morava em Nova York. Em 2000, Guto foi trabalhar em Nova York. Era chegada a hora de casar.

Naquele momento, as duas irmãs moravam em Nova York e treinavam juntas. Apesar de todas as semelhanças, cada uma demonstrava um estilo diferente. Graciema tinha uma rotina atrapalhada, que ficou ainda mais complicada quando se transferiu para o Morgan Stanley, um agressivo banco de investimento. Ela passou a viajar mais, participar de mais reuniões e ter menos tempo para tudo. Por exemplo, em um de seus aniversários, ela não conseguiu estar presente... O apartamento estava cheio de convidados e ela, no avião. Mas o momento profissional compensava. Graciema ganhou notoriedade quando participou da montagem da operação do Morgan que permitiu o uso de recursos do FGTS brasileiro para a compra de ações da Vale do Rio Doce e da Petrobrás. Aos poucos, ela se tornava também uma figura proeminente no mercado na área de fusões e aquisições. O preço da decolagem profissional era as viagens e a absoluta falta de tempo. Mas nem por isso parou de treinar, até porque o desafio de 2001 era conquistar o primeiro sub-4 horas da dupla em maratona.

E deu certo. Em abril, elas atingiram o marco na Maratona de Paris, uma típica "prova Bertoletti". Graciema, mais abusada e mais agressiva, largou mais forte, como se desempenhasse o papel de um coelho. Essa figura é conhecida das maratonas. Em grandes eventos, a própria organização destaca um corredor para puxar o ritmo inicial da elite e não permitir que os corredores favoritos se encaixem em um pelotão mais conservador. O objetivo desse coelho – que geralmente abandona a corrida antes do quilômetro trinta da maratona – é estimular os atletas de elite na busca de recordes. Graciema não era contratada nem paga por ninguém, só que representava a força da dupla para bater a meta. Já sua irmã ocupava outro papel, não menos importante. Ela era a *pacer* da dupla, uma espécie de administradora de recursos: "Menos, Grá, menos, estamos muito rápidas...". Edith fazia mais o estilo "reloginho", tendia a arriscar menos. Uma era mais impetuosa, a outra mais prudente, e as duas não tinham dúvidas de que funcionavam melhor quando corriam juntas. Assim, fecharam a Maratona de Paris em 3h50. Tinham realmente mudado de patamar.

Após a Maratona de Paris em 2001, elas nem chegaram a planejar a próxima empreitada esportiva. Como todo habitante de Nova York, as irmãs foram atingidas por uma onda de perplexidade e incerteza. No 11 de setembro daquele ano, Edith mudou sua rotina e excepcionalmente não foi treinar cedo no Central Park porque tinha uma teleconferência no escritório. Saiu de seu apartamento na rua 56, no meio de Manhattan, em direção ao centro. O escritório da Sullivan & Cromwell ficava a apenas quatro quadras do World Trade Center. No caminho, descobriu que havia algo muito errado. Assim que os dois aviões pilotados pela Al-Qaeda atingiram as Torres Gêmeas, a cidade passou a viver o caos. Sem transporte público e comunicações, todos tentavam voltar para casa ao mesmo tempo.

Pior do que tudo isso, havia a desinformação. Os aviões que combatiam o incêndio passavam baixo e a impressão era de que a cidade estava sofrendo um bombardeio. Na volta para casa, tensa, Edith chegou a ver o mundo escurecer. De alguma forma, convenceu seu cérebro de que desmaiar seria um péssimo negócio naquele momento. E percorreu os dez quilômetros mais penosos de sua vida. Nenhuma maratona foi mais dura que aquela marcha no 11 de setembro. Não conseguia se comunicar com ninguém e não sabia se encontraria de novo seu marido e sua irmã. Todos estavam bem, mas o trauma ficou. Nas duas semanas seguintes, só conseguia sair de casa com o Guto. Estava em pânico. Chegou a procurar um médico, mas a ajuda veio de forma inesperada.

Havia quatro brasileiros entre as 2.749 vítimas dos atentados, e as famílias de dois deles bateram na porta da advogada brasileira Edith. Ela venceu o trauma mergulhando no próprio acontecimento. Mas a missão foi complicada. Além de lidar com pessoas que tinham perdido muito, Edith se deparava com uma situação sem precedentes. Eram milhares de pessoas tentando colocar um ponto final em uma frase infinita, cheia de vírgulas. Havia mortos, mas não existiam corpos. Por isso, apesar da urgência natural, o Estado não podia sair emitindo atestados de óbito sem evidências de que aquela gente realmente estava no lugar errado naquele início de manhã.

Além disso, Edith cuidou de aspectos jurídicos fundamentais e detalhes burocráticos comezinhos, como cancelamentos de contas de luz. Teve ainda que encarar uma batalha não menos inglória, que era quantificar o valor daquelas vidas. Precisou demonstrar o potencial financeiro dos que se foram, etiquetar vidas – tarefa muito dura. Foram meses de trabalho e um aprendizado que ficaria para a vida toda. Mas recebeu um apoio fundamental: seu escritório a liberou para cuidar dos casos sem custos para as vítimas. Aliás, outros escritórios importantes fizeram o mesmo, como se Nova York inteira promovesse um mutirão para reconstruir, tijolo por tijolo, o que fora derrubado pelos aviões. O governo acelerou ao máximo a parte legal e as indenizações saíram em tempo recorde. Em seis meses se resolveu algo que, nos Estados Unidos, não costuma levar menos do que quatro anos.

O envolvimento no caso fez com que Edith continuasse em Nova York. Nas semanas seguintes ao atentado, o plano era zarpar imediatamente dos Estados Unidos, mas ela ficou. Já Graciema voltou a São Paulo em 2002, por motivação profissional: uma boa proposta para trabalhar no banco de investimento Credit Agricole. Nesse retorno Graciema teve os primeiros flertes com o triatlo. Vários companheiros de treino já nadavam e pedalavam, então era difícil resistir à tentação e não participar daquela farra, até porque ela logo descobriu que também tinha aptidão. Além de ter nadado na infância, tinha força no pedal, inclusive para acompanhar o pelotão masculino.

Mais do que a combinação das modalidades, o que a fascinava eram as múltiplas estratégias do triatlo. Na natação, é preciso se posicionar bem, entender o mar, planejar o contorno das boias. No ciclismo, compreender o comportamento do pelotão, buscar o vácuo, preparar a transição. E na corrida, mais do que tudo, é necessário ter cabeça forte para se convencer de que você ainda tem energia para aquilo. O desafio é também mental.

Em 2003, sua desconfiança de que levava jeito para o esporte virou certeza. Em um triatlo olímpico no Rio de Janeiro, ela bateu logo a marca de 2h32 – excelente para amadores, ainda mais por se tratar de uma principiante. Afinal, no triatlo olímpico, o sujeito nada 1,5 quilômetros, depois pedala quarenta quilômetros e finaliza com dez quilômetros de corrida. O treinamento mais puxado do triatlo teve reflexos também nas longas distâncias. E, em 2004, combinou com a irmã de encarar a Maratona de Chicago.

Por outro lado, Edith andava de molho, sua filha Carol nascera em 2003, e ela queria voltar em grande estilo. Voltou a treinar dois meses depois do parto, em um ritmo mais tranquilo. Aos fins de semana ia com o marido e o bebê, no carrinho, ao Central Park. Pareciam um casal convencional, mas logo se via que não era bem assim. Mal chegavam ao parque e o marido já partia para o seu treino. Enquanto isso, ela passeava com Carol. Então Guto retornava e assumia o controle do carrinho. Era a vez de Edith iniciar seu treino.

A escolha por Chicago era perfeita. A cidade sedia a prova para quem busca alta performance, e quatro recordes mundiais de distância já foram batidos lá. As condições costumam ser ótimas para baixar tempos. O trajeto é praticamente 100% plano – os americanos brincam que é *flat* como uma panqueca. O clima, salvo exceções (as irmãs experimentariam uma exceção infernal anos depois), é ideal para uma maratona: temperatura na faixa de dez graus Celsius. Assim, deu tudo certo em 2004 e o recorde compartilhado das Bertoletti foi de 3h42.

No ano seguinte, o roteiro foi curiosamente repetido. Teve mais uma filha para Edith, a Rafaela, e mais uma prova desafiadora de triatlo para Graciema. O triatlo olímpico ficou pequeno, seria a hora de dobrar a encrenca? O meio-Ironman parecia uma boa opção, já que o pacote inclui 1,9 quilômetros de natação, noventa quilômetros de pedalada e uma meia-maratona de corrida. Em Pirassununga, no interior de São Paulo, Graciema fez bonito mais uma vez, completando o percurso em 5h35. Ela estava chegando entre as primeiras de sua categoria, tinha jeito mesmo para a coisa. E, de novo, o treino mais forte do triatlo desembocava em tempos melhores na maratona. Assim, em Berlim no ano de 2006, mais um recorde seria alcançado pela dupla: Graciema e Edith completariam a prova em 3h36.

Graciema se engraçava para desafios ainda maiores. Será que ela não daria conta de um Ironman completo? Encararia 3,8 quilômetros de natação, 180 quilômetros de pedal e 42 quilômetros de corrida? Fernanda Clemente, uma de suas melhores amigas e companheira de treino, era um exemplo. Tinha cravado 10h49 no Ironman de Florianópolis e estava classificada para uma prova do Havaí. Graciema tinha um caminho a percorrer até lá, estava tudo se encaminhando para isso.

Só que a brincadeira perdeu a graça em uma manhã de domingo. A amiga e companheira de treinos Betina Ferraz foi lacônica ao telefone: "Deu merda com a Fernanda". Graciema sentiu a gravidade da voz e disparou logo: "Onde ela está?". A tréplica veio na mesma velocidade: "Não está mais", encerrou Betina. A paulista Fernanda Clemente, de 27 anos, pedalava no acostamento da rodovia Castello Branco quando perdeu o controle da bicicleta e caiu para dentro da pista. Foi atropelada primeiro por uma Kombi, em seguida por um micro-ônibus. Morreu na hora. Foi um choque para Graciema. Fernanda não era apenas inspiração e companheira de treinos, era uma grande amiga e companheira de viagens. Diante daquela tristeza toda, o triatlo perdia todo o sentido.

A morte de Fernanda pegou Graciema em um momento paradoxalmente feliz. Naqueles dias, ela estava conhecendo o namorado que dois anos mais tarde se tornaria seu marido e pai de seus filhos. Ao mesmo tempo, a irmã e companheira de toda a vida estava voltando a morar na mesma cidade que ela – Edith aceitara a proposta de abrir o escritório do texano Thompson & Knight em São Paulo, um convite providencial, já que o marido Guto também tinha sido chamado para trabalhar no mercado financeiro na capital paulista.

Com o triatlo fora de questão após a morte da amiga, Graciema combinou com a irmã mais uma tentativa de desbastar tempos em maratonas. Mas a corrida de 2007 não deu em nada, pois uma onda de calor surpreendeu Chicago. O termômetro da prova, acostumado aos dez graus Celsius, quase derreteu com mais de trinta graus no auge do outono norte-americano. Faltou água, os hospitais ficaram lotados com atletas desidratados e ambulâncias histéricas transformaram a festiva Chicago em um campo de batalha. Duas pessoas morreram. Antes da prova, Marcos Paulo Reis, o treinador da dupla de irmãs, já com a previsão do tempo na mão, discursou: "Vocês têm um plano A e um plano B para o ritmo da prova, certo? Pois joguem fora, mudou tudo. Agora é o plano Z: com esse calor, é tentar completar a prova". Sob tais circunstâncias, Graciema não fez feio, bateu 4h14. Edith sentiu ainda menos o calor e fez uma prova extraordinária, terminando em 3h49.

No ano seguinte, 2009, elas se programaram para correr em Boston. E correriam com o índice conquistado em Berlim dois anos antes, 3h36. Graciema engravidara havia alguns meses, mas infelizmente não conseguira segurar a gravidez. Contudo, não se deixou abater, tentando a maternidade de novo depois disso. Os treinos para Berlim a ajudaram a superar o aborto, e Graciema correu a maratona mais leve, terminando em 3h39. Já Edith disparou na segunda metade da prova e bateu o seu recorde pessoal, com 3h34. No ano seguinte, houve um quase *replay*. Graciema trocou a maratona de Berlim pela desejada maternidade, com a certeza de que Theo era melhor do que qualquer recorde. Assim, Edith correria pelas duas novamente, mais uma vez com a melhor marca pessoal, 3h32.

Em 2011, as irmãs Bertoletti fariam juntas as maratonas de suas vidas. Nada de asfalto, apenas um hospital e duas novas mulheres para o clã Bertoletti. Graciema reforçava o time do berçário com a pequena Chiara, enquanto Edith daria à luz sua terceira filha, Isabel. Mas Bel daria um trabalhão para vir ao mundo e exigiria uma boa dose de suor...

Era dezembro, os dias se passavam e nada de a filha querer nascer. Tinha zero dilatação do colo do útero. Edith não abria mão de um parto normal, como das outras vezes, mas tudo o que ela não queria era que a filha nascesse no Natal, o que geraria uma confusão de calendário para o resto da vida. E já passava do dia 20 de dezembro. Diante disso, o médico sugeriu intensificar as caminhadas, estimulando o trabalho de parto. Edith encarou a sugestão como missão. Rodava a pista do Ibirapuera a um passo firme, nem parecia uma gestante com mais de 40 semanas de gravidez. Chegou a fazer sete quilômetros em um desses "treinos estimulantes". Ao voltar para seu apartamento, nas proximidades do parque, enfrentava as escadas. Vinte andares subindo. Mas ainda assim tinha zero de dilatação. O jeito foi receber uma injeção para induzir o parto. Foi assim que Bel nasceu, e parece ter incorporado o espírito daqueles dias agitados: virou a mais espoleta das três filhas de Edith.

A maternidade nunca foi exatamente um limitador esportivo para as Bertoletti. Pelo contrário: Edith dizia que o retorno aos treinos equivalia a uma retomada da vida anterior. E não uma retomada qualquer, mas uma "volta energizada". Só que treinos não combinam exatamente com mamadas. E, por acreditar que crianças crescem mais sadias se alimentadas apenas por leite materno nos primeiros seis meses de vida, o jeito era treinar entre esses períodos. Nas primeiras semanas, era sempre mais difícil. As noites entrecortadas resultavam em treinos cansados, mas nem por isso menos felizes. A felicidade de ser mãe e a sensação de correr mais rápido davam a Edith uma sensação de poder. Treinar não representava só uma retomada à vida anterior, mas um retorno ainda melhor. Com a irmã Graciema, acontecia a mesma coisa. A sensação de estar mais forte na pista sempre fazia com que se sentisse mais forte no trabalho e mais disposta para acompanhar o pique dos filhos. E, com o auxílio do marido e de uma babá, tudo ficava mais fácil.

Depois da maternidade, as duas cravariam novos recordes pessoais. Na Amsterdã 2012, Graciema conseguiu 3h29 e Edith, que estava com mais volume de treino, 3h26. Qual era o limite das duas? Elas buscaram a resposta pouco tempo depois, na mesma cidade, Amsterdã, tão plana e tão fria quanto Chicago. Graciema preferiu não bater de frente com uma lesão nem largou a corrida. Por outro lado, Edith seguiu desafiando o cronômetro, cravando respeitáveis 3h20.

Edith estava de bem com o cronômetro e de bem com a vida. Além dos treinos, três filhas e um escritório para tocar, ela virou conselheira do Instituto More. Trata-se de uma ONG formada por profissionais de gestão para ajudar outras ONGs a aproveitarem melhor os seus recursos. A ideia central é auxiliar instituições cheias de boas intenções a se tornarem autossuficientes e menos dependentes da ajuda externa. Assim, Edith saía um pouco do mundo refrigerado da avenida Faria Lima, em São Paulo, para o ambiente mais empoeirado de Guarulhos. Lá, passou a contribuir com instituições que obtêm casas para mães viciadas em drogas e cuidam de crianças abandonadas.

O reencontro da dupla corredora ocorreu em 2014, mais uma vez em Chicago. As duas estavam com "sangue nos olhos" para reduzir seus tempos. Edith tentou fazer menos de 3h20, e faltou pouco: ela terminou em 3h21, sendo a sexta brasileira a marcar melhor na prova. Mas Graciema voltou a bater seu recorde pessoal: saiu de Chicago com 3h24. Foi a 582ª colocada entre as 18.402 mulheres que completaram a prova.

A história das gêmeas deveria terminar com o abraço das duas na linha de chegada em Chicago, contado no início desse capítulo. Com suas camisas amarelas iguais e com o mesmo Bertoletti estampado nas costas, o abraço serve para confundir quem não as conhece, quem não percebe as diferenças entre duas pessoas que ficam ainda mais fortes quando se juntam. Poderia acabar assim, se não tivesse um epílogo...

Logo depois da Maratona de Chicago, em outubro de 2014, Graciema decidiu retomar um capítulo inacabado em sua história esportiva. Sabe aquele Ironman não concluído na década passada? Então... claro que não seria fácil, porque sua vida ficou ainda mais complexa. Desde 2012, Graciema é sócia da G5 Evercore, uma "butique de investimentos". Mais responsabilidade ainda. Além disso, desde 2013 ela sabe que a filha Chiara tem uma mutação genética que gera um desenvolvimento motor e cognitivo mais lento. Sua condição exige mais atenção, mais cuidados, mais bate e volta do escritório para acompanhar tudo de perto. Ao mesmo tempo, Graciema tem claro em sua mente que o esporte a faz mais forte e, como diz, "o que me faz bem faz bem a meus filhos". Sim, a história do Ironman precisava ser reescrita.

Após a volta de Chicago, ela se inscreveu no Ironman de Florianópolis, em abril de 2015. Reincorporou os treinos de natação e ciclismo à rotina semanal. Estava tudo certo – ou quase. No segundo domingo de dezembro, partiu para um treino de bicicleta na ciclovia da marginal Pinheiros, em São Paulo, um dos lugares mais apreciados pelos triatletas paulistas. Era um treino solitário, apenas ela e o cansaço acumulado da semana de trabalho. Só que um momento de distração e um pedaço de madeira na pista foram suficientes para o capote. Graciema voou e caiu com o peso todo sobre o ombro. Teve uma fratura séria em dois lugares da clavícula. O socorro chegou e foi preciso uma cirurgia para a colocação de placa e oito pinos de fixação.

As Bertoletti costumam ser rápidas até para isso. Na noite de domingo a cirurgia já tinha sido feita. Na segunda-feira, ela já estava inquieta no hospital. Na terça-feira, despachava em sua sala da G5 Evercore no bairro do Itaim. Na quarta-feira, procurava convencer seu treinador de que o Ironman de 2015 não era, assim, uma impossibilidade completa...

MISTER CHICAGO

RICARDO CHESTER

48 ANOS | MARATONISTA E EMPRESÁRIO

A CENA é delicada, quase angelical. A canção de ninar se mistura a um choro. O pai zeloso vai até o berço e pega o bebê aos prantos. Faz calor. Sem camisa, o homem com barriga avantajada senta na poltrona, aninha o filho e tenta acalmá-lo. O choro é trocado por um "glup-glup" satisfeito: a criança está tentando mamar no peito do pai. Corta para a mensagem publicitária: "Entre em forma. Companhia Athletica".

O roteiro desse filme de 2004 não nasceu em nenhum *brainstorm* de criação publicitária. Brotou, sim, da vida real. Em uma madrugada quente de São Paulo, o pequeno Theo chorava no berço. O redator da DM9 DBB resgatou o filho daquele tormento solitário. E, diante da tentativa de mamada do bebê, Ricardo "Chester" Amaral teve a certeza de que não estava mesmo em forma.

O vídeo "Choro" fala muito sobre o seu autor. Além de ser um dos mais premiados da carreira de Chester, ele tem humor, tem a sacada da observação cotidiana e tem a preocupação com o corpo em movimento – tudo misturado para virar um mesmo caldo, um caldo com aroma e consistência esportiva. Pois o esporte foi sua primeira paixão, sua primeira motivação profissional.

Muito antes disso, o carioca Ricardo Chester se mudou para São Paulo, depois que o pai, auditor da Shell, foi transferido para trabalhar na cidade. A família foi morar no bairro do Paraíso e, naqueles tempos, o bairro era de fato um paraíso para ele. Chester e os dois irmãos estudavam a poucas quadras do colégio Nossa Senhora da Consolação. Grandalhão, um dos mais altos da classe, Chester logo entrou no time de vôlei. Nos jogos mirins de 1981, uma espécie de Olimpíadas entre as escolas da capital, ele chamou a atenção do treinador do clube Paulistano. Tinha o biotipo perfeito para o vôlei, magro e com 1,80 metro já aos catorze anos. Assim, foi convidado a fazer um teste no clube, um dos mais aristocráticos de São Paulo. E passou. Ele virou sócio-militante do Paulistano.

Ricardo Chester estava ainda mais no paraíso. Jogava vôlei, o esporte que começava a virar febre nacional com a "Geração de Prata", que tinha Renan, Bernard, William, Montanaro e até um reserva esforçado chamado Bernardinho. O *boom* começou justamente em 1981, quando o Brasil foi o terceiro colocado na Copa de Mundo. No ano seguinte, o país venceu o Mundialito disputado no Rio de Janeiro e ficou em segundo no Mundial da Argentina. Em 1983, impressionantes 95 mil pessoas viram a Seleção vencer a poderosa União Soviética em uma quadra montada no gramado do Maracanã. O timaço brasileiro só ficou com a medalha de prata nos Jogos de Los Angeles, em 1984, mas viver o mundo do vôlei valia ouro. Ricardo Chester estava justamente na hora e no lugar certos.

No clube Paulistano, em 1981, Chester levantou duas taças, de campeão metropolitano e estadual. No ano seguinte, no infantil, veio o bicampeonato nas mesmas competições. Chester acompanhou tudo, só que do banco de reservas, porque tinham aparecido uns moleques mais talentosos no grupo. Assim, o convite para jogar no clube Pinheiros veio em boa hora. Chester mudou também de posição: virou levantador do time, e titular. Isso porque o mesmo treinador que tinha convidado Chester para jogar no Paulistano percebeu que ele não era exatamente um ponteiro decisivo. Poderia render mais como levantador, já que tinha facilidade para distribuir a bola e era alto para a posição.

No fim, o Pinheiros foi apenas vice-campeão metropolitano, mas Chester tinha sido convocado para a Seleção Paulista da categoria, o que era ótimo porque o grande sonho da garotada era disputar o Campeonato Brasileiro de Seleções. Era um pré-requisito para um dia, quem sabe, se tornar um Renan da vida. Pena que o sonho durou pouco. Chester foi cortado trinta dias depois da convocação. E não foi surpresa: dos 26 jogadores chamados, apenas doze ficariam para a competição. Ele sabia que não estava entre os melhores.

Seu caminho ficaria mais claro no momento de pular de categoria. Na juvenil, nem banco ele estava pegando. Com três anos de categoria pela frente, o vôlei profissional era cada vez mais improvável para ele. Além disso, a barra pesava em casa: os pais estavam separados, o pai já não trabalhava mais na Shell e pagar as mensalidades do colégio particular para os três filhos estava insuportável.

Chester faria o segundo ano do segundo grau em uma escola pública. Mas foi aí que descobriu que havia uma escola particular com bolsas para alunos que se destacassem nos esportes. Deu certo. Se a bolinha de Chester não era suficiente para ser um Renan, servia ao menos para custear seus estudos em uma escola particular. Aliás, suas levantadas e seus bloqueios seriam fundamentais para que ele passasse no vestibular de uma boa faculdade.

Depois de tudo isso, Chester já tinha se convencido de que não dava para ser profissional da bola, era preciso olhar para a frente. Uma boa opção era o jornalismo esportivo, um caminho quase natural para quem gostava tanto de esporte. Ainda mais depois de conhecer o pai de Maurício, seu colega de escola. Maurício, que se tornaria comentarista esportivo anos mais tarde, era filho de Luís Noriega, um dos principais narradores do País. Pronto, era isto: jornalismo. Jornalismo esportivo, mais especificamente.

Entrou na Faculdade Cásper Líbero graças ao colégio Tabajara. E tudo graças ao esporte, ao vôlei. Só tinha um pequeno problema: a Cásper não tinha time de vôlei, então não permutava mensalidade por levantada. Chester precisaria dar um jeito, por isso foi à procura de um trabalho. Anos antes havia tentado estágio em duas agências de propaganda perto de sua casa, a JWT e a Salles. Não deu certo em nenhuma delas na época, porque ele tinha só catorze anos.

Aos dezoito, a primeira oportunidade razoável surgiu no Banco Nacional. O banco apostava no esporte e, naquele momento, começava a patrocinar um jovem piloto de Fórmula 1. Contudo, o serviço de Chester não tinha qualquer relação com Ayrton Senna. Sua rotina envolvia depósitos, descontos de cheques, contas de luz e carimbos. Muitos deles. Ele pagava os estudos na faculdade com o salário do banco. Ganhava o equivalente a 900 reais e, como a mensalidade custava por volta de 500, usava o restante para ajudar nas despesas da casa.

O trabalho não era exatamente divertido, não contribuía diretamente para sua formação em comunicação. Só que o salário era vital. E seis meses de carimbos depois, a sorte virou. No corredor da faculdade, na avenida Paulista, viu um cartaz: "Prêmio Adão Juvenal de Souza". O cartaz convidava estudantes para um concurso numa agência de propaganda. Não era jornalismo, muito menos esportivo, só que tinha muito mais relação com a profissão do que ser caixa em banco. E não era numa agência qualquer, mas na MPM, iniciais dos fundadores Antônio Mafuz, Petrônio Corrêa e Luiz Macedo. Era a grande agência da época.

A peneira era complicadíssima, dividida em duas fases. Na primeira, o candidato precisava fazer uma monografia com o tema "Uma nova propaganda para o novo consumidor". Os vinte melhores inscritos teriam direito a três meses de estágio dentro da agência para mostrar serviço. Aquele que se destacasse mais ganharia o emprego.

Ricardo Chester era estudante de jornalismo, pouco sabia sobre publicidade. Não conhecia termos, jargões, nada. Mas sabia escrever. A ideia da tal monografia veio em um domingo de futebol. Era dezembro de 1985, decisão do Campeonato Paulista, e ele tinha chegado cedo no estádio do Morumbi para pegar um bom lugar. Com o estádio quase vazio, percebeu como o espaço em que o futebol acontecia era pouco explorado pela publicidade. Olhou para a arquibancada e pensou num "setor Varig". Também imaginou colocar o logotipo da Volkswagen nas redes do gol. Sem saber, estava bolando uma mídia exterior que só muitos anos mais tarde ganharia corpo dentro dos estádios brasileiros.

Chester tinha passado no primeiro funil, sua monografia agradou. Só que teria de tomar uma decisão arriscada. Se quisesse vencer o concurso e levar o emprego na MPM, teria de trocar o certo pelo duvidoso. No caso, teria de mudar: deixar uma agência bancária para estagiar na maior agência de publicidade do País. O problema era que, ao final dos três meses, poderia estar sem estágio e sem emprego.

Chester pagou para ver. Pediu demissão do Banco Nacional e partiu para três meses de estágio remunerado na MPM. Não era para ser redator nem para produzir anúncios. Iria labutar no tráfego, um nome mais empolado para a função de levar e trazer documentos, desempenhada pelos *office boys*. Só que Chester chegava cedo, fazia perguntas, conversava com todos.

O concurso da MPM tinha candidatos nas treze sedes da agência no Brasil, e o melhor estagiário ganharia o emprego. Pois, em 1986, o garoto Ricardo Chester foi o vencedor do prêmio Adão

Juvenal de Souza, nome de outro *office boy*, aliás, que virou diretor da MPM, e que morreu em um desastre aéreo nos anos 1970. O jornalismo esportivo ficava cada vez mais distante de Ricardo Chester.

Já como funcionário da MPM, o jornalismo o ajudaria da mesma forma que o vôlei fora útil para bancar seus estudos. Por estudar jornalismo, Chester foi alocado para a área de assessoria de imprensa da empresa. Sua função era entender a agência, conhecer as pessoas e desvendar o significado das campanhas. Entrevistava todo mundo para escrever o jornalzinho interno. As conversas mais fascinantes eram com os criativos.

Basicamente, estava fazendo um MBA remunerado. O problema é que era mal remunerado: o salário era a metade do que recebia no Banco Nacional, dando apenas para pagar a mensalidade na Cásper Líbero. Assim, decidiu chorar as pitangas para o primeiro chefe. E, como foi convincente na argumentação, ganharia meses depois uma bolsa integral – a MPM bancaria a Cásper até o fim de seu curso.

Chester queria acabar o jornalismo, então levou a faculdade até o fim, só que a propaganda já o tinha enfeitiçado. O trabalho no jornal interno era interessante e, daquela forma, ele começava a entender a lógica da publicidade. Até por isso queria mais, queria criar peças, ser redator.

A assessoria de imprensa cuidava diretamente de algumas contas institucionais de certos clientes. Chester ouvia o *briefing* desses clientes e pedia as peças para a área de criação. Em abril de 1988, a Cofap pediu um anúncio para o Dia dos Pais. Chester ouviu da sobrecarregada equipe de criação que não havia tempo para a produção da peça. Ele tinha um problema, estava no meio de um impasse: precisava atender o cliente, mas não tinha autoridade para cobrar a criação de um jeito mais incisivo. E se ele mesmo tentasse fazer o *job*? Apesar das caras de descrença, os chefes permitiram a tentativa. Ele virou a noite trabalhando nas ideias. No domingo do Dia dos Pais, o *Diário do Grande ABC* estampou um anúncio de página inteira da Cofap, a principal fabricante de amortecedores do Brasil, que tinha sede na região do ABC, dizendo: "Hoje é dia de quem vive nos tirando do buraco – Homenagem da Cofap ao Dia dos Pais".

A página de jornal virou troféu. Maior do que o orgulho de ter produzido aquilo, apenas a vontade de se tornar logo um redator e sair da área de assessoria de imprensa. Chester falava com um, falava com outro e cavoucava a vaga na criação. Numa conversa com Marinho Nascimento, do departamento de *merchandising*, descobriu que a agência precisaria produzir sete folhetos institucionais, apresentando tudo o que outro cliente, a Eucatex, fazia. Não teve dúvidas. Pediu quinze dias de férias para fazer o trabalho. Sabia que era sua grande oportunidade para dar o salto. Entregou o material. Dias depois, Marinho o chamou: "Tenho uma vaga para você".

Enquanto o redator Ricardo Chester nascia na publicidade, o atleta estava mais "ex" do que nunca. Com a faculdade e o trabalho pegando na agência, o esporte foi negligenciado. Simplesmente sumiu de sua rotina. O levantador de 65 quilos tinha virado um sujeito de 95 quilos em menos de três anos. Nessa época, ele caiu nas mãos de um diretor de arte carioca chamado Marcão. Novinho e pesadão, o jovem redator era um prato cheio para o debochado diretor. Os iniciantes eram chamados de "frangões" na publicidade, só que Marcão achou pouco. Ricardo era mais do que um frangão, era um "chester", o frango gorduchinho que tinha ficado famoso nas propagandas da Sadia. O apelido pegou rápido, quanto mais Ricardo torcia o nariz, menos Amaral ele ficava. Chester, Chester. Meses depois o próprio frangão se deu conta de que era uma boa ideia ele se diferenciar de um Ricardo Amaral muito mais famoso do que ele. Tratava-se de um agitador carioca conhecidíssimo – inclusive, muitos achavam que o jovem publicitário, também carioca, era seu filho. Nas primeiras campanhas, resolveu assinar como Ricardo "Chester" Amaral. Depois aposentou o Amaral e virou apenas Ricardo Chester.

O trabalho ficava mais e mais interessante. Em 1990, ele estava em um grupo da agência que cuidava dos anúncios da Prefeitura de São Paulo. E tinha um problemão para resolver. Pesquisas mostravam que a população desconfiava da administração da prefeita Luiza Erundina. Chester teve uma sacada. E se o ator americano Jack Palance estrelasse um comercial? Palance era o apresentador de um programa que, traduzido para o português, se chamava "Acredite... se quiser". Se a palavra credibilidade tinha um rosto na época, esse rosto era justamente o do ator. Deu mais do que certo. Assim, Chester não era mais um novato, tinha ideias de gente grande.

Além disso, naquele ano, a MPM emplacou nove trabalhos no anuário do Clube de Criação. No meio publicitário, ter um trabalho publicado no anuário valia quase como um Oscar. Das nove peças da MPM em 1990, quatro delas tinham a assinatura do frangão. Outro grande prêmio, o primeiro Leão em Cannes, veio também com esse "estilo internacional". A Walita tinha uma linha nova de eletrodomésticos e a primeira-ministra britânica Margaret Thatcher estava deixando o cargo após onze anos. Eram dois fatos aparentemente desconexos, mas o anúncio lembrava a governante de que a vida doméstica tinha ficado muito mais fácil onze anos depois. Com os produtos Walita, a dona de casa Margaret não precisava se preocupar.

Foi só o primeiro prêmio no festival de Cannes. Viriam outros. No total, Chester laçou quinze Leões ao longo da vida, virou até jurado do festival francês. A carreira seguia em progressão. O mercado logo percebeu o talento do redator e as ofertas pipocavam. Após seis anos de MPM, Ricardo Chester começou um verdadeiro tour pelo mundo da publicidade brasileira. Trabalhou nas agências Bridge, Talent, DPZ, Almap, Loducca, Giovanni, Carillo Pastore, DM9 DDB, JWT, Babel, Rede 106, Africa até voltar à Almap em 2014. Em 22 anos teve treze empregos diferentes. E, em cada troca, um desafio e um aumento de ganhos. Foi redator, diretor e chegou até a ser sócio da Babel, sem nunca ter abandonado a área de criação, sua verdadeira paixão.

Chester não parava de trabalhar e engordar a conta bancária. Bem, não só a conta bancária. Estava sedentário, pesado e não parecia mais o atleta que tinha jogado vôlei na época da Geração de Prata. Estava mais para a geração de chumbo. Quando a balança jogava os quilos todos em sua cara, ele se enchia de brios. Prometia a si mesmo uma dieta. Em duas oportunidades levou o assunto a sério e perdeu uma dezena de quilos. Mas a falta de manutenção, o chocolatinho noturno e a inexistência de uma boa rotina de exercícios faziam o ponteiro da balança ficar de novo próximo do número cem.

Chester até jogava futebol em uma pelada de publicitários, perto do aeroporto de Congonhas. Acabou se revelando um bom goleiro, só que goleiros correm pouco, gastam poucas calorias, então a prática não resolvia muito. De vez em quando, aventurava-se em partidas de vôlei em fins de semana no Parque Ibirapuera. Não era um completo sedentário, mas estava fora de forma. Afinal, sua prioridade era entender o problema de comunicação dos clientes e entregar soluções em forma de anúncios.

Na Almap, em 1995, tinha um abacaxi para descascar. A agência era dona da conta da Pepsi. Como fazer para tirar do automático a preferência do consumidor pela Coca-Cola? Chester recorreu ao tema da amamentação, dez anos antes do filme da Companhia Athletica. Na campanha da Pepsi, uma mãe oferecia o seio esquerdo para a criança amamentar. Ela chorava, então a mãe trocava de lado. No peito direito, a felicidade se instaurava: "A primeira grande descoberta de todo ser humano é que ele tem escolha. Pepsi, a escolha da nova geração". Simples e direto, o filme rendeu mais um Leão, seu primeiro de ouro em Cannes.

Os anos 1990 foram de muitas campanhas e trocas de emprego. Até que, em um dia ensolarado de junho de 1997, o esporte voltou a aparecer na tela de seu radar. Empolgado pela conquista de Gustavo Kuerten em Roland-Garros, resolveu jogar tênis. Do nada, assim que Guga trucidou o espanhol Sergi Bruguera em três *sets* diretos, saiu de seu apartamento no bairro do Morumbi de Vespa. E foi procurando quadras de tênis. Quando encontrou a primeira, marcou aula para dois dias depois. Não tinha nem raquete, mas conseguiu uma emprestada. Não parou mais. Foram quase dez anos jogando enlouquecidamente. Tinha semana em que ia para a quadra todos os dias, com aulas de segunda a sexta-feira e partidas com amigos no fim de semana. Aprendeu rápido. Não demorou para entender o jogo. Seu saque de 180 quilômetros por hora também fazia a diferença. Talvez tenha herdado a facilidade do vôlei, porque o movimento da cortada no vôlei se assemelha ao do saque no tênis. Chegou a ser um tenista de quarta classe, venceu torneios entre publicitários e virou um praticante obsessivo.

Aos poucos, percebeu que a corrida o ajudava a ser um melhor tenista. Passou a intercalar as partidas de tênis com alguns treinos na esteira do prédio onde morava. Ter fôlego fazia com que chegasse mais inteiro na bola. A corrida era padrão: dez quilômetros na esteira a dez quilômetros por hora. Tudo sempre igual, do mesmo jeito. Até que, em 2008, foi a uma festinha de aniversário. Um sobrinho contou que haveria uma prova no campus da Universidade de São Paulo no dia seguinte, mas que não poderia ir.

Perguntou se o tio não queria ir em seu lugar. O kit estava até no carro. "O que é um kit?", perguntou Chester.

Ele não tinha mesmo qualquer intimidade com esse mundo de *running*. Tratava-se de uma corrida de dez quilômetros, nada que ele não pudesse encarar. Topou. Mas, no dia seguinte, estranhou o movimento nas proximidades da USP. O que era aquilo? Centenas, milhares de pessoas com camisas vermelhas rumando para o ponto de largada. A prova era a "Human Race" da Nike e acontecia simultaneamente em 25 países. A etapa de São Paulo tinha mais de vinte mil inscritos, todos com a mesma camisa vermelha com o número de inscrição impresso na frente. Chester viu fotógrafos, cinegrafistas. Perguntava-se: por que a imprensa estava ali?. Depois descobriu que os fotógrafos iam para clicar os corredores comuns. Aquele era um esporte em que as estrelas não eram as pessoas que cruzavam a linha de chegada primeiro. Na corrida de rua, os mais rápidos se divertiam da mesma forma que os mais lentos. O ganhar era relativo. Seria, então, um esporte que todos podiam ganhar? Achou estranho.

Chester terminou a Nike Human Race em 56min50. Colocou a medalha no peito e voltou para casa com aquilo na cabeça. Queria entender melhor, queria participar disso. Procurou o calendário de provas e todo domingo participava de corridas de cinco ou dez quilômetros – Circuito da Caixa Econômica Federal, Circuito das Estações Adidas, Track & Field, o que surgisse ele se inscrevia.

Depois de correr quinze quilômetros, percebeu que a meia-maratona era factível. Treinou um pouco mais, sem método e sem ciência. Decidiu correr a meia-maratona do Rio de Janeiro, a principal corrida da cidade. Tinha perto de 20 mil pessoas, com largada em São Conrado e chegada no Aterro do Flamengo. Ele adorou o que viu. Além do desafio da distância em si, percebeu a interação com a população e observou os grupos de corrida. Um deles chamou a sua atenção, a turma da Run & Fun. Era a maior assessoria esportiva do Brasil, com cerca de 2 mil atletas. Além disso, os verdinhos da R&F pareciam animados. Aquele pessoal fazia a corrida parecer um esporte coletivo, não individual. Assim, Chester resolveu que também queria entrar na festa, até porque já tinha colocado na cabeça que o próximo desafio seria uma maratona inteira.

É importante dizer que o treinador Mário Sérgio Silva tem um lema: correr bem é correr sempre. Desse modo, a longevidade no esporte é o primeiro mandamento da Run & Fun. Isso porque a experiência dos 22 anos de assessoria mostrou a Mário que a evolução aeróbica é bem mais rápida do que a muscular. Afinal, na vida prática, os corredores iniciantes se empolgam quando sentem que estão com fôlego de sobra. E querem correr mais. No entanto, músculos, tendões e ossos não estão prontos para o aumento da carga de treinos. E, assim, a lesão aparece. Por isso, na R&F, não se recomenda, por exemplo, uma maratona com menos de dois anos de treinos mais estruturados.

Só que, quando bateu na porta de Mário Sérgio para a primeira entrevista, Chester já tinha passagem comprada para Chicago. Mário tentou demover o novo aluno da ideia maluca. Mas sem chance: além da passagem, ele já tinha também a inscrição para a sua primeira maratona. Mário poderia ajudar naquilo? Sim, claro que sim. O tempo é que era insuficiente. Era junho de 2009, e a prova aconteceria já em outubro.

Mário e os professores da Run & Fun fizeram o possível. Não podiam exagerar e prescrever um volume excessivo de treinos. Até porque Chester seguia jogando tênis às terças e quintas-feiras. A partir daí, a corrida entrou na rotina, com treinos às segundas, quartas e sextas-feiras. Já aos sábados, a quilometragem maior era feita na USP.

Passado esse período, Chester embarcou na noite da quinta-feira, 9 de outubro, para Chicago. Sem saber, estaria criando um ritual muito particular para os próximos anos. Com a ajuda de dois comprimidos de Advil PM, a classe econômica se transformava em executiva. E num passe de mágica: mal tomava o analgésico sonífero e já desmaiava, para acordar só em espaço aéreo americano. Com ele, levava apenas uma mochila com o tênis da prova e algumas roupas.

Quando chegou, pegou o trem do aeroporto de O'Hare direto para a feira da maratona. Lá, conheceu a Disneylândia da corrida – estandes dos principais fabricantes de material esportivo, relógios, GPS e as principais traquitanas para corredores. Pegar o kit era o de menos. Chester passou metade da sexta-feira se divertindo na feira. Só à noite rumou para a casa do amigo publicitário Gustavo de Mello, brasileiro que é vice-presidente da agência DDB. Da sexta-feira para o sábado, teve seu sono reparador.

Chester acordou no dia seguinte para fazer o trote com a turma da R&F no parque Millenium, local da largada e da chegada da maratona. No frio do outono de Chicago, passaram meia hora correndo em grupo sem pressa. Depois, Chester voltou para almoçar com seus anfitriões – Gustavo é casado com a grega Elisabeth Papasakelariou, e o casal tem a pequena Elena, uma espécie de afilhada postiça de Chester. À tarde, saiu para o *saturday gift*, o momento de comprar um presente para a menina de dois anos – aliás, nos anos seguintes, já maiorzinha, ela iria junto escolher o próprio presente.

Na volta para casa, Elisabeth estava enfurnada na cozinha. Chester tinha contado que véspera de maratona era dia de macarrão. Isso porque começar uma prova longa com reservas de carboidrato é sempre o ideal. E Liz não brincou em serviço: ofereceu *pasta* feita à mão, molho cuidadosamente apurado por horas e amigos, quinze deles. Estava sendo criada a *marathon pasta*, uma tradição que se repetiria dali para a frente. E aquele carinho todo comoveu Chester. De alguma forma, naquela rua, ele era um guerreiro, que encararia a batalha de 42 quilômetros no dia seguinte.

Chester achou que se deitando antes das nove da noite conseguiria dormir fácil. Mas não considerou a ansiedade e só foi cair no sono por volta das duas da manhã – isso porque tinha que acordar às quatro, tomar café, pegar o metrô e se posicionar para a largada. A corrida, ele descreveu assim, com suas próprias palavras, para a turma da revista *Runner's World*:

> *Já na minha primeira maratona, deu para perceber que há uma diferença muito grande entre correr a distância mais famosa e difícil de todas e tomar parte de um evento como foi Chicago 2009. Porque correr os 42 quilômetros, em tese, pode ser feito pela primeira vez em qualquer lugar. Você pode dar suas sete voltas de seis quilômetros na USP, hidratar-se nas bases de sua assessoria e terá descoberto o que é e quanto dói correr a distância. Mas você também pode passar os 42 quilômetros curtindo de verdade e colhendo coisas legais para sua vida a cada metro, como aconteceu comigo em Chicago.*
>
> *As 45 mil pessoas que se inscrevem, diferentemente do que parece, são meros coadjuvantes de um verdadeiro show urbano oferecido e desfrutado por mais de 1,5 milhão de pessoas que, ao deixarem suas casas, sabem que vão presenciar um espetáculo mágico. A população de Chicago dá na sua maratona um exemplo do verdadeiro espírito humano. E ter contato com o espírito humano, cada vez menos disseminado, faz bem. Lá no meio da corrida, pensei numa analogia: isso que é o efeito* "peoplerade"*, o aditivo que mais te empurra para a linha de chegada. Os* "chicageans" *literalmente abrem os braços para você. Abrem os braços, as janelas das casas,*

oferecem doces e biscoitos, água. Abrem as janelas para lhe dar rock para te empurrar. Isso o tempo todo e por quase todos.

Não há uma calçada vazia. Uma fila de 84 quilômetros de pessoas (considerando os dois lados da calçada) ali, para você. Para que você chegue ao final, simplesmente. E por que eles fazem isso? Porque entendem a razão de tudo que acontece naquela manhã. Entendem, mesmo sem te conhecer, porque cada um está ali. Os habitantes de Chicago levam seus filhos para a calçada para que eles também percebam que a atividade física pode ser feita por todos, de todas as idades, pesos, cores, passaportes. Levam seus filhos para que eles entendam que aquilo é o bom da vida, para registrar nas suas memórias a atmosfera positiva daquela manhã. Os habitantes de Chicago festejam o simples e maravilhoso fato de que todos são iguais perante o asfalto, mesmo que o cronômetro diga o contrário. Fazem isso porque, com alguma dose de acerto, seus pais também o fizeram, décadas atrás. Parecem verdadeiramente gratos por te verem passar, e não fazem qualquer menção de esconder isso.

Escrevo com a não modesta pretensão de lhe sugerir firmemente: não perca a chance de viver isso. Prepare-se para a maratona. E se for a sua primeira, corra em Chicago. Você vai correr numa pista plana, cruzar praticamente todas as regiões de uma cidade linda, e desfrutar de uma logística perfeita. E, acredite, vai levar para a vida uma lembrança ainda mais gratificante do que finalizar os 42 quilômetros.

Mais do que uma lembrança, a maratona tinha entrado de vez em sua vida. Chester terminou a prova em 4h12 com a impressão de que tinha sido conservador demais. Achou que poderia ter ido mais rápido.

Por fim, o "*Chester marathon tour*" não previa dias livres para compras. A correria era absoluta. Terminada a maratona, entrava mais ação. Um banho, mais um almoço com a família Mello e aeroporto. Lá, uma pausa para repor as energias no restaurante chinês da área de embarque, mais dois comprimidos de Advil PM e um sono profundo até o avião começar a aproximação até Guarulhos. Por cinco anos seguidos, Chester repetiria essa mesma rotina praticamente sem alterações no roteiro. A única diferença seria Elena, que foi crescendo e substituindo brinquedinhos por joguinhos no *gift day* do sábado à tarde em Chicago.

Em 2010 e 2011, Chester resolveu incluir mais maratonas em seu calendário anual. Encarou duas por ano. Correu na Porto Alegre 2010 e na Paris 2011 no primeiro semestre. Tentou baixar as quatro horas, sem sucesso. Cravou 4h35 em Porto Alegre e 4h29 na França. É claro que em Chicago também buscou fazer menos de quatro horas, o famoso sub-4 horas, mas não deu. Em 2010, 4h29, no ano seguinte, 4h18. Encasquetou: será que não estaria exagerando? Em 2012, decidiu correr apenas a maratona de Chicago. De novo ficou pelo caminho: 4h10.

A obsessão pelas maratonas coincidiu com um bom desafio profissional. Chester era um dos sócios da agência Babel, e a conta da Asics tinha caído na sua mão. Pronto. Juntou-se a fome com a "vontade de correr". O homem de criação sabia exatamente o que precisava ser feito. A Asics era uma das principais marcas mundiais de corrida, mas no Brasil tinha perdido essa identidade. Por isso, Chester não bolou uma campanha, e sim uma estratégia de comunicação, utilizando corredores amadores que buscavam melhor performance. De quebra, ainda se aproximou mais do meio, frequentou mais provas e teve diversão total.

Entre um trabalho e outro de *running*, surgiu uma oportunidade. A Asics patrocinava um jogador uruguaio do Botafogo justamente quando explodiam casos de racismo no País. Chester teve um *insight*: sugeriu que o atacante uruguaio Loco Abreu jogasse o clássico do domingo seguinte contra o Flamengo com chuteiras de cores diferentes, uma branca e a outra preta. A mensagem não podia ser mais singela: "Futebol é raça. Todas". A ação gerou uma mídia espontânea enorme, virou notícia na página de esporte dos jornais e rendeu mais um Leão em Cannes, desta vez de bronze.

Depois disso, Chester estaria novamente de mudança de trabalho. Deixava de ser sócio da Babel para ser uma espécie de jagunço do coronel Nizo, o baiano Nizan Guanaes, que conhecia de outros carnavais. Convidou Chester para trabalhar na Africa, para ser um "pistoleiro criativo". Quando vinha a encrenca, Nizo chamava Chester para ajudá-lo. Logo no começo, a enorme conta do Itaú caiu em sua mão. De novo, mais esporte. O Itaú era patrocinador da Copa e da Seleção Brasileira. Estava começando também com a campanha das bicicletas urbanas.

No sorteio da Copa, em 2013, Chester pegou o espírito da coisa. Sorte, azar, mandingas, tudo o que interessava naquela fase era pegar um grupo mais fácil. O publicitário inverteu o ponto de vista e não pensou mais como um brasileiro, mas se imaginou na pele dos outros – as outras torcidas adorariam não estar no grupo brasileiro. O sorteio aconteceu na tarde de um sábado e, no intervalo do *Jornal Nacional*, já estava no ar um filme muito bem produzido com croatas, mexicanos e camaroneses lamentando terem caído no grupo brasileiro. Como se conseguiu produzir tão rápido a peça? Mais um truque da publicidade. Chester dividiu os participantes da Copa em *clusters* étnicos. Gravou semanas antes cenas com latinos, africanos, caucasianos, orientais e aguardou o desfecho do sorteio. Sabendo quem tinha realmente caído no grupo da Seleção, bastou montar o anúncio completo. Era quase como se já se soubesse que Croácia, México e Camarões iriam cair no grupo A, do Brasil.

Com as bicicletas urbanas, a diversão não foi menor. O Itaú estava montando todo o programa de aluguel das bicicletas laranjinhas nas grandes cidades. O assunto tinha tudo a ver com corrida. Afinal, fazer as pessoas se mexerem, entrarem em forma e melhorarem a qualidade de vida são objetivos idênticos aos dos corredores. Então, Chester entrou de cabeça. E talvez a melhor peça que criou para a campanha tenha sido a mais simples, com apenas um ator e uma câmera parada. Nela, um ciclista para na avenida Paulista e dá uma série de dicas para que motoristas e ciclistas tenham uma convivência pacífica no trânsito. O que chama a atenção é que o texto é dito sem cortes, com a bicicleta parada e equilibrada sobre as duas rodas: "Equilíbrio é tudo o que carros e bikes precisam para viver em paz na cidade. Com equilíbrio, a cidadania não cai". Mais uma vez, o cotidiano era usado como matéria-prima para a criatividade.

Estava tudo muito tranquilo em meados de 2013, até o dia em que Nizo chamou Chester em sua sala: "Preciso de um novo Hitler". A frase absurda nem precisava de mais explicações. Chester entendeu na hora. Em 1987, Nizan Guanaes criou uma das campanhas mais premiadas da história da propaganda brasileira. O filme começava com uma imagem reticulada que ia se abrindo aos poucos. Enquanto isso, o texto falava de um governante que tinha derrubado a inflação, acabado com o desemprego, devolvido o orgulho a seu povo, um homem que adorava a pintura e a música. Quando a imagem se completava, lá estava ele: Adolf Hitler, e a frase "É possível contar um monte de mentiras contando somente a verdade. *Folha de S.Paulo*, o jornal que mais se compra e que nunca se vende".

Um novo "Hitler" significava fazer outra campanha memorável para o jornal. "Pô, se você, em 25 anos, não achou outro Hitler, eu é que vou inventar?" Nizan gostou da gracinha, mas o desafio estava lançado. E Chester se debruçou sobre o problema. Refletia: em tempos de redes sociais, notícias instantâneas que apitam pelo telefone e de interatividade, qual seria o papel do jornal? E da *Folha de S.Paulo*? Chester concluiu que credibilidade seguia sendo um valor fundamental. Que independência seguia sendo um valor fundamental. Opa, "seguir"? O verbo fundamental das redes sociais também era o nome do jogo. Assim surgiu o conceito #sigaafolha.

O primeiro filme da série abusava do conceito. Começava com uma imagem de Marina Silva, que "até pouco tempo seguia Lula, que segue Dilma, que também segue Lula, que até pouco tempo era seguido por Eduardo Campos, que agora é seguido por Marina, e que segue conversando com Aécio, que é seguido de perto por Serra, que segue de olho no lugar de Dilma [pausa]. Que adoraria que tuuuuudo seguisse como está. A *Folha* segue tudo isso de perto. Siga a *Folha*". A campanha foi ao ar e seguiu por um bom tempo. Dilma seguiu no mesmo lugar, Nizan seguiu feliz, apenas Chester seguia incomodado. E o sub-4 horas?

Enquanto trabalhava na campanha, Chester tratava de se preparar para a sua quarta maratona em Chicago. Ele sabia que precisava fazer algo diferente para bater seu recorde pessoal. Sabia que precisava... emagrecer. Duro, muito mais fácil era trotar por aí. Assim, para sair dos 93 quilos para algo próximo de 85, ele resolveu ser radical. Durante a semana, fazia almoços vegetarianos, com nada de frituras e doces. Só uns 10% de chocolate, que, para Chester, não entra na categoria "doce". Barrinhas de cereal como se não houvesse amanhã e uma sopa de vegetais, sem batata no jantar – sempre a mesma sopa.

Foram quase cinco meses dessa sopa infernal. Nas redes sociais, talvez inspirado pela *hashtag* da *Folha*, a dieta tinha nome:

#dietadosinferno. Com um plural imperfeito e tudo, porque um cardápio daqueles não merecia correção gramatical. Nos fins de semana, a boca era livre. E, perdendo peso, foi perdendo também o juízo. A velocidade vencia a cada sábado. Ele estava ganhando da lei da gravidade. E passou a lidar com parâmetros desconhecidos: em um treino despretensioso, bateu seu recorde na meia-maratona. Estava rápido demais e nem se lembrou da máxima de seu primeiro treinador Mário Sérgio – o aeróbico vai mais rápido que a musculatura...

Chester já estava treinando em outra grande assessoria, a MPR, de Marcos Paulo Reis, que também tentava segurar a empolgação do publicitário. Num treino banal de meio de semana no Ibirapuera, já no fim do ciclo, a panturrilha direita fez o alarme disparar. Contratura. Chester fingiu que não era com ele e continuou treinando. Mas não deu outra: faltando um mês para a maratona, ele estava com uma lesão muscular de grau dois. Mal conseguia colocar o pé no chão.

O jeito era ir para a água. Apostar no tripé médico, fisioterapia e *deep running*, o melhor amigo do atleta lesionado. "Correr" na piscina é a melhor forma de não perder o condicionamento e dar uma folga para a musculatura avariada. Em duas semanas, a ressonância mostrava uma lesão cicatrizada, ainda que a chance de tudo voltar fosse razoável. No dia do embarque para Chicago, a panturrilha da outra perna apitou. Na ânsia de "defender" o lado direito machucado, o esquerdo foi sobrecarregado. Foi preciso mais tratamento intensivo e o de sempre na rotina da Maratona de Chicago – classe econômica, dois Advil PM, feira, presentes para a Elena, *marathon pasta*.

Quando se deu conta, Chester estava de novo na Michigan Avenue para largar em sua quarta maratona de Chicago. Marcos Paulo Reis sugeriu: "Quem sabe você não deixa o sub-4 horas para a próxima?". Fazia sentido, mais ainda porque a musculatura parecia emitir os primeiros avisos de dores futuras já no quilômetro dois.

Só que o clima parecia apoiá-lo: estava perto de dez graus de temperatura, com umidade perfeita e sombra até o quilômetro 25. Ao longo da prova, Chester foi alterando a estratégia. A prudência deu lugar à ousadia: decidiu que correria forte até onde desse. E deu até o quilômetro trinta, faltando apenas doze. A partir daí, a sensação foi de estar empurrando um piano. Sem rodinhas...

O final se aproximava e Chester não parava de fazer contas. Sabia que estava gerenciando uma pequena sobra de minutos, seu ritmo caía, mas ainda daria para preservar o sonho. Nos quilômetros finais lembrou-se de tudo: da família, dos amigos, do médico, da turma da fisioterapia, dos *brothers* da *marathon pasta* da véspera. E deu. Porque tem dia que dá. Maratona cumprida em 3h58min33. O frangão tinha conseguido, era um sub-4 horas. Naquele instante, aquela medalha valia tanto quanto os quinze Leões de Cannes. A maratona tinha lhe ensinado mais uma lição: a sagacidade de quem corre está na disciplina de acreditar que dá.

O JUIZ CAVEIRA

ANTONIO MANSSUR FILHO

45 ANOS | MARATONISTA E ADVOGADO

O GAROTO saiu do cinema eufórico. Que filmaço, que história, quanta energia. Mas, para ele, a cena mais marcante de *Rocky III* não tinha sido nenhuma daquelas com pancadarias sanguinolentas no ringue. Toninho vibrou mesmo na metade do filme, quando Rocky Balboa se deu conta de que precisava estar mais forte para a grande luta final. Então, o boxeador, interpretado por Sylvester Stallone, mandava para dentro um ovo cru e depois saía correndo pelas ruas de Los Angeles – aquilo ficou gravado na mente do menino.

No dia seguinte, Antonio foi o primeiro a acordar na casa dos Manssur, no elegante bairro dos Jardins, em São Paulo. Antes de o sol nascer, abriu a geladeira e engoliu animado o ovo cru. E foi para a rua. Desceu a rua Bela Cintra e correu feliz até a avenida Brasil. Voltou para casa mais forte, mais confiante. Estava pronto para encarar qualquer adversário que aparecesse em sua frente. Na falta de um rival brigão, tomou banho, traçou um café da manhã mais convencional e partiu para as aulas do Colégio Dante Alighieri. Tinha apenas 13 anos.

Antonio Manssur Filho, hoje juiz da 2ª Vara Cível do Fórum Regional do Tatuapé, na cidade de São Paulo, dá risadas quando relembra essa história. O que era aquilo? Um moleque saindo em desabalada carreira em uma época em que pouquíssimos adultos corriam na rua. Aquela descoberta foi divisora de águas. Manssur já era alucinado por esportes, praticava três ao mesmo tempo. Era um nadador razoável, um bom goleiro de futebol de salão e não fazia feio no judô.

Aos 15 anos, aliás, impressionou em sua primeira "participação internacional" como atleta. O Comitê Olímpico Italiano organizou um *training camp* em Roma, que era encerrado por um pequeno torneio entre países. Para esse evento, convidou o Colégio Dante Alighieri, a principal escola italiana do Brasil. Assim, os treinadores reuniram os atletas, dentre eles Toninho, um dos escolhidos para o time que ia viajar. Ele já tinha saído do Brasil antes, aos 12 anos se divertira na Disney, mas aquilo era diferente. Era uma viagem esportiva, em que ele estaria representando o País. A emoção de receber um agasalho com o nome do Brasil gravado nas costas era enorme. Ele até podia acabar imobilizado no chão, mas iria dar o sangue na competição.

Fez força, tentou se defender, atacou quando possível. Ficou em terceiro lugar, mas aquela medalha teve grande valor. Ganhou o respeito e a admiração dos colegas, todos mais velhos. Inclusive, o bronze valeu para que o convidassem a um "mochilão" pela Europa após a competição. Conseguiu o passe livre dos pais e rodou vários países com os judocas mais velhos. Tinha quinhentos dólares no bolso, mais do que o suficiente para a compra do "Europass", que assegurava viagens de trem, e para pagar os albergues nas principais cidades.

Só não conheceu a Europa inteira porque a turma descobriu na marra que em alguns países, sobretudo os da Cortina de Ferro, como a Checoslováquia, era necessário um visto de entrada. O grupo até foi barrado na fronteira, mas nem deu bola. Dormiu no trem de volta e seguiu viagem. Foi uma tremenda experiência que ficaria para a vida inteira na memória.

Aos poucos, o judô acabou perdendo a graça. As competições sugavam uma energia danada, pediam deslocamentos, duravam um dia inteiro. A família não era exatamente parceira nisso. Uma namorada da época o acompanhava, mas, quando o relacionamento murchou, a motivação de Antonio para seguir nas competições também sumiu. O futebol era outra possibilidade esportiva. Afinal, seu pai tinha sido jogador quase profissional, e Antonio era conhecido pelo potente chute com a perna direita. Toninho era goleiro, jogava no time do Dante. Era bom, por isso estava no time juvenil do Palmeiras. Mas também não era excepcional, tanto que virou reserva – a diversão, então, era parcial.

A paixão por esportes era gigante, só faltava definir uma modalidade principal. De certa forma, as dúvidas foram dissipadas em uma manhã de domingo. O Dante Alighieri promovia anualmente uma prova de quatro quilômetros em volta de sua sede, no miolo dos Jardins. Era uma corrida desgraçada. Percurso duro, apenas com subidas e descidas – ladeiras íngremes com até 15% de inclinação. Manssur, que já corria antes das aulas em algumas madrugadas, resolveu encarar o desafio. Estavam inscritos alguns alunos, funcionários e, de novo, ele era um dos caçulas do pedaço.

Na largada, viu que competiriam uns sujeitos diferentes, mais fortes, os quenianos da época. Nunca tinha os visto na escola, mas desconfiou de que eles eram os candidatos para vencer a corrida. Mal foi dada a largada, Antonio enfiou o pé na subida. Acelerou tudo e, quando percebeu, já era o líder. Manteve o ritmo e ganhou a prova. O garoto tinha vencido a volta do Dante. Opa, ele tinha mesmo jeito para aquilo.

Assim, a corrida foi tomando lugar em sua vida. Cada vez mais ele se encantava pelo assunto. Um exemplo foi uma virada de ano. A família costumava passar a festa na praia do Guarujá. E, talvez por influência da Corrida de São Silvestre que era mostrada na TV nas últimas horas do dia 31 de dezembro, Manssur encasquetou que queria passar o réveillon correndo. Literalmente. Então, faltando uns trinta minutos para a meia-noite, ele calçou o tênis e saiu em disparada pelas areias do Guarujá. Virou o ano correndo, sozinho. Depois reencontrou a família, para os brindes. Entrar no primeiro minuto de janeiro acelerado era tudo o que ele queria, o prenúncio de um ano bom. Fez isso por vários anos consecutivos.

Em outras férias, também no Guarujá, deparou-se com algo diferente. O balneário paulista recebia uma das primeiras provas de triatlo no Brasil. Tinha americanos disputando, uma festa. A modalidade já se estruturava no Rio de Janeiro, mas, em meados dos anos 1980, aquilo era uma raridade em São Paulo. E o garoto queria entrar na onda. Desejava praticar três esportes no limite. *Endurance*, alta performance, o que ele teria de fazer para pertencer àquele mundo novo?

Quando voltou a São Paulo, Antonio já sabia o que queria ser: triatleta. E começou a treinar. O pai era sócio do Clube dos Juízes, que ficava nas proximidades do Parque Ibirapuera. Lá, ele nadava e pedalava em bicicleta ergométrica. E corria no próprio parque. Não tinha planilha, nem técnico, apenas vontade. Até que, em uma manhã, o treinador Mauro Neuber, da equipe Troiana, notou o menino. O moleque tinha potencial, corria rápido, valia um investimento. Assim, ele ganhava seu primeiro treinador de triatlo.

Tamanha empolgação levou a uma pequena insanidade. Em 1987, com apenas 16 anos, Manssur se encantou com a possibilidade de correr a Maratona de São Paulo. Nunca tinha treinado para isso, nem sequer tinha participado de uma prova de dez quilômetros antes. Não tinha parâmetro, treino nem juízo. Apenas foi. Ainda por cima, na véspera, fez tudo o que um corredor não deve fazer. Passeando pelo Shopping Ibirapuera, resolveu investir em um "*look* maratona". Comprou um lindo tênis Le Coq Sportif, shorts e camisetas novas. À noite, inventou de fazer um "aquecimento" para a prova. Pulou corda e fez abdominais – estava animadíssimo. Só que os tênis novos renderam bolhas nos pés. A camiseta, que não tinha sido testada em treinos, fez os mamilos sangrarem pelo atrito. E a diversão terminou lá pelo quilômetro trinta. Manssur estava quebrado. Doía tudo. Além disso, não tinha comido nada além do café da manhã de sempre.

Durante a prova, tomou apenas água, e não na quantidade suficiente. Passou, então, a intercalar corrida e caminhada. E aí vieram as câimbras, generalizadas. Nos últimos quilômetros, perto do Ibirapuera, precisava comer qualquer coisa para não entrar em colapso. Qualquer coisa. Percebeu, na calçada, uma menininha com um pacote de salgadinho. Um autêntico Ebicen, sabor camarão. Não pensou duas vezes. Foi até a menina e passou a mão no abominável pacote. Quando alguém o lembra que ele roubou o salgado de uma criança, o profissional da área jurídica corrige a sentença: "Furtei, e por uma boa causa". Enfiou tudo na boca e cruzou a linha de chegada. Não se recorda do tempo, e não há registros daquela maratona. Manssur calcula que deve ter levado por volta de quatro horas. Assim, a primeira maratona esteve longe de ser um sucesso.

No ano seguinte, Antonio mostrou que tinha aprendido com a experiência. Isso aconteceu depois que um amigo do pai, que era corredor e iria ao Rio de Janeiro participar da maratona, perguntou: "Será que o Toninho não quer ir comigo?". Que pergunta. Manssur foi e fez uma corrida bem mais equilibrada. Terminou sua segunda maratona em 3h40. E só tinha 17 anos.

Naquele momento, Antonio Manssur Filho estava terminando a escola. Só que ter um filho triatleta não era exatamente o ideal de uma família tradicional paulistana envolvida com o Direito. A mãe era dona de casa mas, com formação em Direito, tocaria mais adiante o escritório da família. O pai, juiz de Direito que mais tarde se tornaria desembargador, queria que Toninho escolhesse logo uma profissão. Educação Física, o caminho natural para quem amava tanto o esporte, não era uma opção considerada razoável para eles. Então, no dia da inscrição para o vestibular da Fuvest, o próprio Antonio pai foi até a agência do Banespa pagar a taxa e se certificar de que o filho não iria fazer bobagem na escolha do curso. E ainda impôs a "escolha certa". Resignado, Antonio Filho fez o vestibular para Direito e passou. Encarou aos 17 anos, desanimado, o primeiro ano da tradicionalíssima Faculdade do Largo São Francisco, no centro de São Paulo. Os primeiros dois semestres foram penosos, uma chatice, e os dias demoravam a passar.

No ano seguinte, Toninho foi um dos raros jovens brasileiros de classe média que não se lamentaram ao serem obrigados a cumprir o serviço militar. Ele realmente apreciava a ideia. Por estar fazendo curso superior, entrou no Centro de Preparação de Oficiais da Reserva, o CPOR – em tese, um lugar menos duro, mais tranquilo para que jovens universitários pudessem conciliar a atividade acadêmica com a rotina da caserna. Apenas em tese, porque o cotidiano era pra lá de pesado. Os soldadinhos sofriam nas mãos de cabos e de sargentos que tentavam transformar meninos em homens na marra. Dessa forma, Manssur limpou latrinas, tomou broncas e petelecos na orelha para "aprender a ser homem". Sofreu até um pouco mais do que os colegas, já que adorava usar argumentos lógicos toda vez que percebia um abuso de autoridade. Já exercitava também o que aprendia no Largo São Francisco quando defendia colegas de injustiças. Certa vez, em um exercício, eles estavam em um chiqueiro misturados a fezes de porcos. Um sargento, seguindo o corolário de constrangimentos, obrigava os cadetes a cantarem alguma coisa para se livrarem daquilo. Manssur contra-atacou com um repertório inusitado: engatou "Bichos escrotos" e cantou com gosto. Vibrou por dentro quando traduziu, pela letra da banda Titãs, o sentimento geral da tropa: "Vão se foder, porque aqui na face da terra só bicho escroto é que vai ter". Cantou a plenos pulmões. Só que o sargento enlouqueceu e arrancou o nome Manssur colado em velcro na frente da farda. O que significa, na simbologia militar, uma desonra, como se fosse um julgamento sumário em que o soldado era condenado e perdia o direito até de ser ele mesmo.

Para completar a lição, o musculoso sargento tentou mostrar que o frangote abusado não merecia mesmo usar o nome na farda. Ordenou uma sequência de flexões de braços com o intuito de mostrar para a tropa quem era o mais forte na cadeia alimentar. O problema era que ele não conhecia o potencial atlético do magrinho Manssur. Lá pelas tantas, o sargento estava esgotado e o soldado insolente seguia sem aparentar cansaço. O desafio foi abortado antes do final, e a tropa percebeu quem tinha vencido. Assim, o nome Manssur foi devolvido ao uniforme.

Se Manssur enfrentava problemas disciplinares durante o intenso ano de CPOR, não se pode dizer o mesmo sobre a parte esportiva. Ele rapidamente se tornou um ídolo da tropa. Nas competições do Exército, ganhava todas as provas, dos quatrocentos metros aos cinco quilômetros. O teste de *cooper* era o principal medidor de aptidão física da época. Nele, a ideia era correr o mais rápido possível em doze minutos. Quem chegasse perto de três quilômetros já podia se considerar um atleta excelente. Mas Manssur cravou o recorde do quartel: em doze minutos, correu quatro quilômetros e quatrocentos metros.

A resistência e a velocidade também eram necessárias para que ele suportasse a rotina diária. Afinal, acordava às 5h da manhã, nadava, com a piscina do clube ainda escura, e só depois partia para o quartel na zona norte de São Paulo, em Santana. Passava o dia lá e, à noite, ia para a faculdade, no centro da capital. Além disso, no quartel, os sargentos não davam sossego e o escalavam para fazer a guarda. E em duas ocasiões, o garoto não aguentou e desmaiou. Assim, Manssur descobriu que era mais extenuante ficar horas imóvel em pé passando calor. Por isso, quando conseguia encaixar na rotina, ainda pedalava à tardinha na USP. Não sobrava tempo para nada, mas ele não se queixava. Naquela época, o esporte era tudo.

Apesar de treinar corrida, natação e ciclismo, faltavam eventos em São Paulo que conectassem essas práticas. Em 1988, o empresário e também triatleta Eduardo Gayotto organizou uma competição em um hotel-fazenda no interior de São Paulo. Na época, não havia padronização nas distâncias, e cada um formatava o seu evento como achava mais conveniente. Pois o triatlo de Gayotto tinha um quilômetro de natação, trinta de ciclismo e uma corrida de oito quilômetros.

Depois da primeira experiência, Manssur ainda não tinha aprendido a lição de jamais estrear roupas em uma prova. Para participar do triatlo, renovou seu guarda-roupa. Cada uma das modalidades tinha um figurino específico. Só que, no dia de pegar o kit da prova, conheceu um triatleta carioca. A empatia com o jornalista Márcio Carrilho, que fazia o jornalzinho *Triatleta*, foi instantânea. Tinham amigos em comum e acabaram na mesma casa. E, quando mostrou ao amigo a sua nova indumentária para fazer o triatlo, incluindo até meias, Márcio botou a mão na cabeça: "Meu irmão, tá tudo errado". Ali Manssur aprendeu que quanto menos roupas melhor.

Na prova, ele se atrapalhou na natação e no ciclismo. Na corrida, porém, passou vários atletas. Conseguiu uma classificação intermediária e ficou com a certeza de que precisava melhorar muito no treinamento. Desfez a parceria com o treinador Mauro Neuber, que era um tanto bruto no trato – já bastava o Exército para lhe dar broncas. Então passou a treinar com Luís Gandolfo, já no Clube Pinheiros. Seu diagnóstico era de que Manssur tinha uma corrida excepcional, só que não se destacava na *bike* e era fraco na água. Assim, passou a trabalhar mais os pontos frágeis. E começou a evoluir.

Também estava terminando o serviço militar. Um ano e dois meses depois de ter entrado no quartel, Manssur saía um sujeito diferente. Limpou chão de banheiro com escova de dente e escovou latrinas, é verdade. Mas aprendeu a manejar com precisão o fuzil FAO 762, sabia tudo de tanque M41, era um orgulhoso tenente boina preta.

Ao sair do quartel, a vida não sossegou. Entrou no terceiro ano da faculdade e começou a trabalhar no escritório da mãe. E passou a gostar mais do Direito, principalmente da parte de regulamentação bancária e de mercado de capitais. Trabalhar com a mãe tinha uma grande desvantagem, a cobrança em cima dele era maior do que a dos companheiros de escritório. Mas, por outro lado, tinha um grande benefício, a flexibilidade de horário. Ainda mais naquela época, em que seus resultados no esporte começavam a aparecer de forma mais consistente.

Em 1990, foi convocado para representar o Brasil no Mundial Júnior de Triatlo. A competição aconteceu em Orlando, na Flórida, e Manssur disputou com um rapazote forte e confiante chamado Lance Armstrong. Nenhum dos dois chegou nas primeiras posições. Por razões semelhantes até. Lance se virava bem na natação e pedalava excepcionalmente, mas fracassava na corrida. Já a vantagem que Manssur obtinha por sua ótima corrida se esfarelava com o tempo que perdia nas outras duas modalidade. Mas o ano de 1990 reservaria um momento ainda mais marcante.

O campeão mundial de triatlo veio participar de um evento em São Paulo. E o Clube Pinheiros não perdeu a chance de fazer uma pequena competição em suas dependências, convidando o americano Mike Pigg. A prova incluía quinhentos metros de natação na piscina do clube e depois três quilômetros pelas suas alamedas, até chegar às voltas finais na pista de atletismo. Era tiro curto, para ser feito com sangue na garganta, bem do jeito que Manssur mais gostava. Claro que Pigg nadou forte e saiu da água em primeiro lugar. Claro que Manssur ficou atrás na piscina e teve que recuperar posições na corrida. E veio acelerando. Quando saíram das alamedas e entraram na pista, Manssur ultrapassou o americano. O troco veio em seguida, e Pigg defendeu a posição, colocando-se estrategicamente na parte de dentro da raia. O ritmo era forte, algo como 2min30 por quilômetro.

Na reta final, os dois chegaram praticamente juntos, projetando o corpo para tentar cruzar a linha antes. No momento, não havia qualquer dispositivo eletrônico para aferir a chegada, mas os juízes acharam que a vitória tinha sido do americano. Os dois atletas se abraçaram, e Pigg disse no ouvido de Manssur a frase da qual ele nunca mais se esqueceria: "Eu fiz muita força, nunca mais vou fazer um biatlo curto desses". O reconhecimento de um campeão mundial tinha sabor de medalha olímpica. Depois disso, eles se encontraram para almoçar, e Manssur pegou a sua boina preta do exército para dar para Pigg. Afinal, era o que tinha de mais valioso em casa para retribuir o carinho.

Bom, o "pega"com o campeão mundial tinha sido um sinal de que Manssur estava forte, de que poderia sonhar com resultados melhores. E se largasse o Direito e virasse atleta profissional? Com tempo integral para treinar, os resultados seriam outros, era evidente. O corpo pedia a decisão ousada, mas a cabeça ponderava. Manssur era solteiro, não tinha filhos, só que sabia que não seria nada fácil se manter do esporte, ainda mais do triatlo, uma prática sem grande estrutura. Ele até tinha patrocínio, primeiro da Brooks e depois um mais graúdo, da marca Rainha. Nada de muito relevante, porém. Em valores atuais, representava algo como 3 mil reais. Então resolveu seguir equilibrando pratos como dublê de advogado e de atleta semiprofissional.

Nessa época, passou a treinar com um magricela estranho chamado Marcos Paulo Reis, que já treinava alguns dos principais triatletas do Brasil, e seus "santos" bateram de cara. Isso porque Manssur adorava planilhas duras, técnicos exigentes e bem-humorados, enquanto Marcos Paulo vibrava com atletas que viam prazer no sofrimento. Assim, os treinos eram intensos e divertidos.

Muitas histórias ficaram na memória. Por exemplo, a parte do pedal era feita na frente do Jockey Clube de São Paulo, em uma avenida que costuma ser passarela de travestis na madrugada. Às cinco da manhã, com o dia querendo raiar, o grupo de atletas dividia esse espaço em perfeita harmonia. Marcos Paulo acelerava no carro a cinquenta ou sessenta quilômetros por hora e queria que o pelotão o acompanhasse. Quando alguém, já com a língua de fora, tentava saber até quando iria aquele sofrimento, o treinador tinha a resposta precisa na ponta da língua: "Até eu mandar parar, porra". Manssur achava graça, adorava aquele clima. Uma travesti, batizada de Pamela Anderson, costumava até anunciar a chegada do treinador: "Ó, o careca já chegou". Mas uma dessas madrugadas por pouco não termina em bobagem. Em uma perseguição de assaltantes, dois carros bateram no muro do Jockey, quase atingindo dois grupos de atletas.

Infelizmente, Manssur não teve a mesma sorte em outra ocasião. Aconteceu quando uma turma de ciclistas fazia um treino apelidado de "rota da morte". O nome não era exagero. Com alguma frequência, alguém se acidentava por ali. E a chance era mesmo grande. A turma saía da ponte da Cidade Universitária pela Marginal Pinheiros, se conectava à Marginal Tietê, ia até o Aeroporto de Guarulhos, rodeava o terminal de passageiros e retornava. Eram oitenta quilômetros de percurso, um trajeto recheado de sustos. Ali, carros, caminhões, ônibus, motos e *bikes* dividiam uma pista expressa que nunca respeitou muito a lógica de permitir o avanço de veículos mais lentos pela direita.

Na manhã de um domingo de 1993, Manssur estava na Marginal Tietê quando, do nada, sofreu um impacto por trás. Tinha sido atropelado por alguém que provavelmente tentava ultrapassar pela direita. Voou e quicou sobre a capota do carro para depois aterrissar no asfalto com quatro ou cinco vértebras quebradas. Ainda bem que não teve outras fraturas nem lesões na cabeça. E o caso é sério: a chance de morrer em um atropelamento desses é superior a 80%.

Poucas semanas mais tarde, Manssur já estava de volta aos treinos. Sem medo e com mais fúria. Vale dizer que, na época, o triatlo brasileiro era dominado por um primeiro pelotão que tinha como destaques Leandro Macedo, Alexandre Manzan, Émerson Gomes e mais uns poucos. Mas, mesmo pegando forte no batente e encaixando os treinos nos intervalos do trabalho, Manssur estava em um pelotão imediatamente atrás. Em 1995, os Jogos Pan-Americanos de Mar Del Plata, na Argentina, seriam os primeiros a ter o triatlo valendo medalha. O time brasileiro tinha Leandro, Manzan e Émerson como representantes. Só que o treinador brasileiro Marcos Paulo Reis teve a notícia de que Alexandre Manzan tinha sofrido um acidente de asa-delta em Brasília e havia lesionado seriamente o pé. Assim, faltando poucos dias para a competição,

Manzan estava fora dela e seria preciso achar um substituto a jato. Alguém que estivesse com o treinamento em dia, pronto para ajudar em um jogo de equipe que privilegiaria Leandro Macedo, e que, ainda por cima, tivesse muita raça.

Manssur talvez não fosse o melhor triatleta disponível, mas seria provavelmente o mais útil. E acabou sendo o escolhido. Ele nem acreditou que iria ter um agasalho com o nome do Brasil nas costas. De novo – afinal, não eram as Olimpíadas, mas quase. Ele foi recebido com alegria pelos dois companheiros de prova, que eram parceiros de outros carnavais. Mal teve tempo de curtir a Vila Olímpica. Desembarcou em Mar Del Plata na véspera da prova para dividir quarto com o representante brasileiro na maratona, um certo Ronaldo da Costa, que três anos mais tarde seria o maratonista mais rápido do mundo. Mesmo chegando no atropelo, Manssur estava pronto, como esteve pronto a vida toda para isso.

A estratégia montada por Marcos Paulo funcionou bem no início da prova. Émerson, mais rápido na água, foi na frente e deixou Leandro fazendo menos força atrás, em função do trilho da água. Manssur o protegeu pelo lado, impedindo que alguém chegasse ali. Nos 1,5 quilômetro de natação, deu tudo certo. No ciclismo, Leandro arrancou para a liderança da prova, Émerson estava forte e Manssur também estava à vontade. Leandro Macedo ainda manteve o ritmo nos dez quilômetros de corrida, superando o canadense Mark Bates e o argentino Oscar Galindez para ganhar o ouro para o Brasil. Já Manssur arrancou sem querer o seu número ao tirar a roupa de borracha na hora de sair da água. Tomou um *stop-and-go* e perdeu o pelotão. Mesmo assim terminou a prova em 17º.

Na verdade, com a vitória de Leandro, bastava Émerson chegar à 18º colocação para o trio ganhar mais uma medalha para o Brasil no triatlo por equipes. Só que o pneu da bicicleta de Émerson furou nas últimas voltas do ciclismo. A medalha por equipe não saiu. Mas tudo bem, só o ouro de Leandro já rendeu hino. E como não se emocionar com aquilo? O moleque dos ovos crus, o engravatado advogado e o atleta amador tinham se fundido em uma pessoa só. Antonio Manssur Filho fazia parte do time brasileiro que conquistava a primeira medalha de ouro do triatlo em Jogos Pan-Americanos.

A vida teimava em sorrir para Manssur. A fase era boa, dava tudo certo. No ano anterior, em 1994, ele conhecera a mulher perfeita para um sujeito acelerado como ele: Cláudia, que, além de bonita, era triatleta. Além de triatleta, era bem-humorada, companheira. E se na casa dos Manssur não se dava grande importância aos feitos esportivos de Toninho, com Cláudia a conversa era diferente. O problema era que ele não tinha juntado o dinheiro necessário para sair de casa e comprar um apartamento. Até conseguiu atingir certa poupança, porque conquistou alguns clientes particulares e fez consultoria jurídica na área financeira ao longo dos anos. Mas, a partir de determinado momento, sua chefe e mãe passou a implicar com o duplo emprego. Se ele estava usando a estrutura do escritório no horário de trabalho que história era aquela de "clientes particulares"?

Mesmo sem a sonhada independência financeira, Manssur atropelou a prudência. E, em novembro de 1995, casou-se com Cláudia. Assim, nos primeiros anos, o pai pagava o aluguel de um pequeno apartamento no Itaim. Depois Toninho e Cláudia rasparam todas as economias e contraíram um empréstimo com dona Regina, mãe de Manssur, para comprar um apartamento maior no Morumbi.

No esporte, tudo seguia bem. Ele continuava treinando como um profissional, cavoucando horários para treinar forte as três modalidades do triatlo entre um processo, uma audiência, uma conversa com cliente. Em casa, o bicho pegava. A situação começou a ficar mais complexa a partir de 1998, quando nasceu o primeiro filho do casal. Antônio Neto, o Toti, encheu a casa de alegria, mas as despesas aumentaram. A conta não fechava. Manssur até recebia convites para trabalhar em outros escritórios ganhando muito mais, mas, então, tinha dois problemas. O primeiro era que, em outro lugar, com outros sócios, dificilmente conseguiria encaixar os treinos no meio da rotina. O segundo era que o próprio trabalho de advogado já estava dando nos nervos. Ele tinha vontade de ser seu próprio patrão, ganhar mais dinheiro, ver o seu trabalho resultar em algo benéfico para os outros. A solução era tão evidente quanto complicada: ele queria ser juiz, como o pai.

Passar no concurso para juiz do Estado de São Paulo exigiu uma mudança de vida. Pela primeira vez, o esporte teve de ser sacrificado. Ele tinha servido ao Exército e feito faculdade ao mesmo tempo sem abrir mão de treinar forte. Tinha tocado a faculdade e o estágio, e nada de abrir mão dos treinos. Mas agora era diferente. A única chance de passar, e passar com boa classificação, que garantisse ser chamado em seguida, era cortando o triatlo de sua vida. Fez isso. Cortou as competições e entrou em um cursinho noturno. Na varanda do apartamento, improvisou um escritório para poder estudar, e seguia trabalhando no escritório da família. Logo depois o dinheiro encurtou, mas ele não queria pedir ajuda aos pais, então deixou o cursinho do concurso. Assim, tirava cópias das apostilas dos amigos e não parava de estudar. Em 2001, botou a medalha de ouro no peito: foi aprovado no concurso. Seria chamado já no ano seguinte para ser juiz substituto em Campinas.

A tempestade passou. A família havia crescido, já que Gabriel chegara para infernizar a vida de Toti. Decidiram que seguiriam morando no Morumbi. Com esse *upgrade*, foi possível retomar o triatlo. Assim, além de treinar todos os dias natação, ciclismo e corrida, ele incluiu um quarto esporte, a maratona do ônibus fretado. Todo santo dia ia e voltava de Campinas a São Paulo. E o trabalho era pesado, a vara acumulava muitos processos.

Sorte que Manssur tinha passado muitos anos observando como trabalhavam as boas empresas para as quais prestara consultoria. No fundo, eram conceitos simples, que tinham também semelhança com o seu treinamento esportivo. Em primeiro lugar, ficava a organização, palavrinha obrigatória que anda de mãos dadas com a disciplina. Em segundo, ter metas – sem saber onde se quer chegar não se vai a parte alguma. Em terceiro, é importante cobrar resultados, ter premiação ou punição a eles. Se era isso que regia a iniciativa privada, por que não botar em prática no serviço público? Para facilitar esse processo todo, lembrava-se de uma palavra-chave que tinha tudo a ver com a rotina de décadas de treino: rapidez. O jargão do meio costuma usar o termo "celeridade" toda vez que se refere à eficiência, mas com Manssur o papo era mais reto. Velocidade, assim mesmo. Afinal, uma decisão rápida desocupa moitas, tira processos de cima da mesa e resolve a vida do cidadão.

Mesmo com a maratona diária do fretado, Manssur conseguiu treinar para o seu primeiro Ironman em Florianópolis. Era até curioso que alguém como ele, tão enfronhado no triatlo, nunca tivesse antes participado de um Ironman, prova que é a "mãe de todos os triatlos". Mas havia uma explicação. Sim, Manssur era raçudo, tinha cabeça para competir em provas duras, e não sentia medo da dor – características ideais para quem quer fazer bonito no Ironman. Só que Manssur se valia muito da velocidade nas provas mais curtas, por isso nunca tinha se aventurado nessa competição.

Acontece que a curiosidade foi maior. E ele resolveu pagar para ver. Sem deixar de lado as distâncias menores, fez uma preparação não muito específica. E largou em 2002 para a natação com a raça de sempre. Saiu da água nos 3,8 quilômetros em menos de cinquenta minutos. Pedalou forte, e estava entre os primeiros homens ao concluir os 180 quilômetros em 5h19. Na corrida, começou a passar um a um os concorrentes. No entanto, no quilômetro trinta, sentiu uma dorzinha no pé. Aí olhou e viu o tênis tingido de vermelho. A canela, vermelha. Tudo banhado de sangue. Então parou no meio-fio e começou a chorar; tanto esforço para acabar naquilo. Por sorte, um voluntário que estava por perto chegou para ajudar com uma mangueira. Lavou o sangue e sugeriu que Manssur tirasse o tênis para ver o tamanho do estrago. Para a sua surpresa, era uma bolha pequena. Manssur quase riu daquilo.

Depois disso, calçou os tênis e, correndo, percebeu que a dor era quase irrelevante. Ele estava bem, seguiu forçando e, dessa forma, acabou a maratona em 3h12, a melhor maratona de sua vida até então, mesmo somando à prova 3,8 quilômetros no mar e a distância equivalente à São Paulo-Campinas, ida e volta, na bicicleta. Acabou seu primeiro Ironman em 9h21 na décima posição no geral.

Era tempo também de mais uma mudança profissional. Na época, abrira vaga para juiz na pequena Itaporanga, uma cidade de importância infinitamente menor do que Campinas. A diferença era que a troca significaria um salto na carreira de Manssur, pois ele deixaria de ser juiz substituto para ser juiz titular. E assim foi.

Em Itaporanga, foi tudo mais divertido. A cidade era pequena, com apenas 15 mil habitantes, perto da divisa de São Paulo com o Paraná. Cláudia e os meninos também foram. E o doutorzinho reinou por lá. Em uma comunidade menor, conseguiu se aproximar das pessoas e começou a mostrar que a Justiça poderia ser menos empolada e mais leve. Focou em simplesmente resolver as questões, e de modo rápido. Até organizava competições de natação para as crianças da cidade, numa piscina pública que ajudou a reformar.

Mas a festa durou pouco. Como no futebol, quem se desloca tem a preferência. A progressão na carreira acontece justamente para quem se dispõe a resolver os pepinos do Estado. E o pepino que apareceu tinha nome indígena: Ubatuba, ou "lugar de canoas" em Tupi. No caso, canoa furada. Afinal, a vara da cidade litorânea tinha fama de ser "cemitério de juízes".

Os magistrados sabem que a cidade reserva uma série de complicações ambientais e uma tradição de problemas variados. O principal deles era o acúmulo de processos. Manssur desembarcou com 24 mil deles empilhados. Não havia nem onde guardá-los. Assim, espalhou-os pelo chão de sua sala e só trabalhava descalço, caso eventualmente pisasse num deles. No meio disso, pegou um caso complicado da desapropriação de um terreno que era usado como boca de fumo, um lugar de desova de corpos. Acabou comprando briga com quem não devia. Depois, uma noite estava em casa quando ouviu uma explosão. Um coquetel molotov fora lançado da rua e por sorte não chegou à casa onde seus filhos brincavam. Explodiu na frente dela, sem maiores consequências. Apesar disso, o processo seguiu andando, e Manssur continuou na vara de Ubatuba.

Do ponto de vista esportivo, a cidade só lhe deu alegrias. Lugar perfeito para treinar, oferecia uma boa piscina, era fácil de pedalar e correr. Manssur ia de bicicleta para a vara. E vários outros triatletas também treinavam por ali. Ele virou referência de alguns. E venceu uma prova de médio porte que aconteceu na cidade. A comunidade não acreditou que o doutor ganhou dos "atletas de verdade".

No final de 2005, nova oportunidade de progressão na carreira. Manssur poderia ser juiz auxiliar em um dos lugares mais cobiçados da magistratura: o Fórum da Praça João Mendes, bem no centro de São Paulo. Foi a chance de conviver com juízes mais experientes e brilhantes, de colocar a mão em grandes casos, envolvendo finanças, fraudes e questões bancárias, uma de sua especialidades quando advogado. Manssur tinha paciência e habilidade para ligar pontos, gostava mesmo do tema. Um dos casos que pegou deu o que falar, porque envolvia um dos personagens mais polêmicos da economia brasileira: Naji Nahas. Naji estava no centro de uma transação imobiliária da pesada: a venda de um terreno enorme que, depois, viraria o empreendimento onde ficava a sede do Google, na avenida Faria Lima, em São Paulo. Por semanas, Manssur se debruçou com afinco sobre o processo, que tinha vinte volumes e 5.473 páginas. Cruzou dados, descobriu irregularidades e fez a maior penhora do Brasil.

Enquanto isso, nos treinos, estava também mais atento do que nunca. Em 2006, fez mais um Ironman em Florianópolis. Melhorou a sua marca de 2002, cravando 9h16, um resultado surpreendente, até porque ele não estava focado na prova. Ele não treinara especificamente para o Ironman, pois queria ser mais veloz para as distâncias mais curtas. Na verdade, havia uma prova que era a sua cara: o biatlo. Ele sabia disso desde quando quase vencera o campeão mundial de triatlo, Mike Pigg. E, em 2007, Manssur ainda venceu o campeonato brasileiro dessa modalidade, classificando-se para o mundial do México.

A prova em questão é um imenso tiro, desenhada para quem gosta de competir o tempo todo com o coração na boca. Tem corrida de 2,5 quilômetros, transição para quinhentos metros de nado e mais 2,5 quilômetros de corrida. Excelente para quem tem o ponto forte na corrida, como o juiz. Assim, no México, Manssur conseguiu a segunda colocação – um amador que passava muitas horas do dia trabalhando de terno e gravata era o segundo melhor do planeta competindo com profissionais! No ano seguinte, foi novamente campeão brasileiro, e novamente estava no México para o campeonato mundial. Mas deu azar: uma semana antes foi premiado com uma infecção urinária. Tomou antibiótico e foi fortemente recomendado pelo médico a desistir da prova. Só que, teimoso, não escutou. Foi competir mesmo assim. Saiu mais atrás na natação, recuperou terreno na corrida final e quase chegou lá. Chegou a estar em primeiro, mas perdeu no *sprint* final para um atleta da Nova Zelândia. De novo, vice-mundial. A decepção só não foi total porque ele se deu conta de que mesmo debilitado beliscou o título. Em perfeitas condições, e com um "algo mais", talvez fosse possível.

E esse algo mais tinha nome: Amendoim. Não o tira-gosto, mas André Amendoim, respeitável técnico do Clube Pinheiros. Com ele, Manssur fez um trabalho específico de natação, mudou a técnica, apostou na modalidade. Assim, em 2009, chegou confiante em Gold Coast, na Austrália. Largou forte na corrida e entrou na água em primeiro lugar. Ao contrário das outras vezes, não estava desesperado para segurar a posição. Sabia que seria ultrapassado, então concentrou-se apenas na técnica e se esforçou para fazer o melhor sem se desgastar. Funcionou. Saiu da água com mais seis ou sete atletas. Apenas um australiano bom de nado tinha escapado. Na corrida, atropelou e, enfim, foi campeão mundial. A mulher Cláudia estava o esperando na chegada, e Manssur comemorou com um salto. Na hora do hino nacional, enrolado com as bandeiras do Brasil e do Clube Pinheiros, o sorriso viraria choro. O amador tinha virado profissional. Se representar o País em um Pan-Americano já tinha sido grandioso, se tornar um brasileiro campeão mundial era inimaginável.

Como profissional das leis, outro sonho se tornaria realidade. Surgiu a possibilidade de Manssur ser juiz de entrância final em uma vara em São Paulo. Na prática, isso significa o topo da carreira – o próximo passo na escadinha da profissão é se tornar desembargador, como seu pai. Mas, mais do que a ascensão na carreira, comandar uma vara na capital como juiz titular representava poder colocar em prática tudo o que Manssur sempre considerara correto. Agilidade, disciplina, eficiência, meritocracia – os valores que sempre pregou viraram lei na sua repartição.

A turma da 2ª Vara do Tatuapé se espantou no início. Nem todos os funcionários ficaram, e quem não acompanhou a velocidade das mudanças tratou de arranjar outro lugar para trabalhar. Por outro lado, quem ficou percebeu que a excelência de um funcionário era a excelência de todos. Metas traçadas e alcançadas geravam autoconfiança e um ambiente melhor. Sem contar que o chefe era uma verdadeira comédia. Não são muitos os juízes brasileiros que chegam de bermuda, pedalando. Além disso, para agilizar a vida e seguir treinando forte, o doutor montara um pequeno camarim em seu escritório. Ali, tinha quatro ternos, três pretos e um cinza. Umas oito camisas que, depois de usadas, voltavam para serem lavadas no apartamento, no Morumbi. E várias gravatas. Sapato, era um só, e nem saía da repartição – Manssur calçava tênis quando usava a bicicleta que ficava estacionada na estação do metrô Tatuapé. Ou um coturno preto, quando chegava caminhando pelo metrô.

O juiz malucão desistiu de fazer o biatlon aquático, hoje chamado de Aquatlon. Não queria que ninguém carimbasse o seu título de 2009. Sua última lembrança desse esporte tem o hino nacional brasileiro como trilha de fundo. Mas estava faltando um Ironman abaixo de nove horas. Seria possível?

Em 2011, ele resolveu tentar mais uma vez em Florianópolis, mesmo com mais de quarenta anos. O problema era que sua performance na natação já estava perto do limite. Para melhorar, àquela altura do campeonato, só nascendo de novo com guelras ou barbatanas. Mas o pedal, que costuma representar metade do tempo do Ironman, talvez pudesse ser aperfeiçoado. Assim, o treinador do Pinheiros Rodrigo Tadei priorizou o assunto. De novo, concentraram-se na melhora da técnica, em mais tempo dedicado na semana. Se a estratégia deu certo quando Amendoim mexera na natação, poderia dar certo no ciclismo. E deu: Manssur pulverizou a sua melhor marca nos 180 quilômetros. No Ironman de 2006 fez 5h06. Em 2011, fechou o pedal em 4h15. Pronto, o recorde estava na mão, bastava correr bem, justamente a sua especialidade. E ele estava bem, corria fácil.

Como a maratona era dividida em quatro voltas de dez quilômetros, cada vez que passava pelos retardatários conhecidos recebia palavras de incentivo: "Vai, Manssur, você está ótimo, parabéns". Mas os elogios e o carinho de alguma forma tiraram a sua concentração. Ele perdeu o ritmo. O treinador Marcelo Butenas, triatleta e amigo de Manssur que assistia à prova, percebeu que ele estava muito lento: "O que houve, Manssur? Assim você não baixa das nove horas...". Só aí Manssur acordou. Retomou a passada, forçou o ritmo e fechou mesmo em 8h58. O Ironman também era página virada.

No triatlo, a corrida sempre foi, de longe, a sua modalidade mais forte. Mas será que ela poderia melhorar? Foi essa a pergunta que Manssur formulou ao treinador de corrida do Clube Pinheiros, Cláudio Castilho, que treina os atletas de elite do clube e que conhecia bem Manssur. Nem precisou pensar muito para dizer que sim. Havia tempos que ele acompanhava os treinos do juiz. Acontecia que os atletas profissionais quase sempre treinavam em dois períodos e usavam o intervalo do almoço para dar uma folga ao corpo. Só que Manssur não tinha tempo para isso. Para dar conta da vida dupla de magistrado e triatleta, ele sempre atropelava essa lógica e criava uma própria. Treinava tudo em bloco. Chegava muito cedo ao clube e encavalava as sessões de ciclismo, natação, corrida e musculação. Em quatro horas seguidas treinava feito um cavalo. E por saber que a corrida era o seu forte, acabava negligenciando a modalidade em prol dos outros esportes, nos quais precisava "correr atrás".

Castilho explicou que o juiz precisaria mudar isso. Teria que incrementar a parte de força e velocidade da semana. Se treinasse com os profissionais do clube provavelmente evoluiria. Para treinar com a turma, Manssur precisou fazer uma ginástica em sua agenda. Mas funcionou. Ele foi ficando mais veloz e, de repente, estava acompanhando, nos mesmos tiros, gente como Sérgio Celestino e Rafael Silva, dois profissionais do Clube Pinheiros que fazem dez quilômetros em menos de trinta minutos (a melhor marca em dez quilômetros de Manssur é 30min32).

Foi nesse clima de camaradagem que Manssur caiu de paraquedas na Maratona de São Paulo de 2011. Ele estava em meio aos treinos de triatlo quando pensou em aproveitar o domingo para dar uma força aos "meninos" do clube, que iriam para a maratona em busca das primeiras posições. Ele até se inscreveu na prova, mas a intenção era correr no pelotão apenas até a altura da meia-maratona. Contudo, uma vez no clima, era difícil largar a brincadeira. Manssur acompanhou o ritmo forte da turma do Pinheiros, depois a moçada seguiu em frente. O juiz resolveu ficar mais um pouco na prova, um pouquinho mais, e, quando percebeu, só faltavam dez quilômetros. E pensar que tudo começou na Maratona de São Paulo, a sua primeira grande prova quase 25 anos antes. Nunca imaginou tudo o que viria depois – um Pan-Americano, a medalha de ouro no Mundial de Biatlo, o hino nacional tocado para ele, os inúmeros pódios, as mais de quinhentas provas de triatlo (provavelmente ninguém no Brasil disputou em alto nível tantas provas de triatlo).

Manssur acabou a maratona de 1987 sofrendo com as câimbras e roubando salgadinho de criança. Nesse tempo todo, venceu diversas provas e talvez a mais complicada de todas tenha sido conciliar uma trajetória esportiva quase profissional com uma carreira admirada na magistratura. O Manssur rápido nas pistas conseguiu ser o doutor Manssur, que não deixa acumular processos por onde passa. Poderia ter largado o treininho na Maratona de São Paulo e voltado para casa. Por que não bater mais um recorde? Se segurasse as pontas, poderia fazer seu melhor tempo nos 42 quilômetros. Foi doído: precisou baixar o ritmo, afinal estava preparado para completar somente a meia-maratona. Quando cruzou a linha de chegada, com 2h44 no relógio, só podia mesmo abrir um sorriso. O tempo passa para todos, mas para alguns demora um tantinho mais.

cálculo

O LIVREIRO VOADOR

SAMUCA SEIBEL

60 ANOS | MARATONISTA E LIVREIRO

A NOITE FRESCA do Rio de Janeiro pedia mais uma caminhada, pois o casal tinha acabado de jantar uma boa pasta. Afinal, era véspera de corrida, e meias maratonas pedem mesmo um estoque extra de carboidrato. E a prova do Rio de Janeiro costuma ser dura. Menos pelo percurso, quase todo plano. Mais pelo horário, cruel com os atletas amadores, que são obrigados a largar com o sol já no alto. Para que a meia-maratona seja transmitida pela televisão na manhã de domingo, a corrida precisa iniciar perto das dez horas da manhã. Mesmo no inverno, a temperatura no Rio de Janeiro costuma subir, e coitada da turma que se arrasta pelos últimos quilômetros sem sombra do Aterro do Flamengo, quase ao meio-dia.

Mas Samuel Seibel estava bem condicionado. Tinha quatro maratonas nas costas e andava treinando bem. Não estava preocupado com a prova nem com nada em especial – a vida lhe sorria. Ao lado do irmão Hélio, comandava um pequeno império do comércio de madeira na região central de São Paulo, a Léo Madeiras, que havia começado com o seu pai, em uma lojinha apertada na rua do Gasômetro, no bairro do Brás, e que expandiu sob a direção dos filhos. Àquela altura, já eram 28 lojas, que tinham se alastrado para o interior de São Paulo. Portanto, os negócios realmente iam bem. Por outro lado, a vida pessoal também não rendia maiores preocupações: os filhos, Flávio e Rafael, cresciam sem sobressaltos e Samuca aproveitava o pretexto das corridas para viajar acompanhado da sempre animada mulher Débora.

Então, logo após o jantar, o casal resolveu caminhar por Ipanema, onde parou para tomar café numa livraria. Na verdade, Samuca era um leitor compulsivo, adorava livros e estava acostumado a sempre parar em livrarias. Desta vez, porém, foi diferente. Quando sentou-se à mesa da Livraria Renovar e viu todos aqueles volumes, ouviu harpas ao fundo. Falou para a mulher: era aquilo o que queria ser na vida. Desejava ser livreiro. Queria proporcionar aos outros o mesmo bem-estar que estava experimentando. Queria ser dono de um espaço como aquele. No fundo, pretendia trocar de vida, largar um negócio bem-sucedido para se atirar em uma aventura. Com dois filhos, e com contas a pagar.

No dia seguinte, Samuel Seibel fez uma prova controlada, não forçou demais no calorão de 25 graus. Terminou a corrida em 2h01 e, assim, foi o 4302º entre os 11 mil inscritos na meia-maratona do Rio de 2002. Não foi o seu recorde naquela distância, pois costumava terminar meias-maratonas na faixa de uma hora e quarenta e poucos minutos. Mas voltou mexido para São Paulo: não havia tido um *insight*, mas uma epifania – anos depois entenderia a diferença entre os dois conceitos: o *insight* é uma grande sacada, um estalo, algo que pode se repetir várias vezes na vida; já a epifania é mais do que isso, é a percepção do significado essencial de algo e pode representar uma mudança de vida. Poucos experimentam a sensação, e quem tem essa sorte não verá o fenômeno se repetir a toda hora.

Samuca poderia tentar esquecer o café do sábado à noite, retomar a vida de empresário-comerciante. Havia sido assim nos últimos vinte anos, e isso não representava qualquer infelicidade. No entanto, por outro lado, ele poderia dar corda para a tal epifania e ver no que dava. Foi o que fez e, assim, começou a pesquisar o setor. Em dezembro de 2002, bateu na porta de uma das livrarias que frequentava. Foi até o coração da Vila Madalena e entrou na Livraria da Vila. Conhecia o dono, Aldo Bochini, e queria pegar dicas com ele. Mas, no meio da conversa, percebeu a intenção do livreiro em se desfazer do negócio. Será?

Então, logo chegara a hora de dar o passo decisivo para transformar a epifania em realidade: precisava conversar com o irmão. Não seria nada fácil. Afinal, Samuca e Hélio tinham estabelecido uma rara parceria. Eram dois irmãos com formações diferentes, conceitos diferentes, que conseguiam repartir a gestão sem conflitos. E pensar que tudo começou com o pai, judeu polonês da Cracóvia, que tinha desembarcado em 1925, aos 14 anos, para tentar a sorte no Brasil. Bernardo Seibel começou por Salvador, foi para São Paulo e apenas aos 50 anos conseguiu abrir seu próprio negócio. Desconfiado e conservador, Bernardo não era dado a riscos. Odiava se endividar, por isso "expansão" era uma palavra quase proibida na Léo Madeiras. E, assim, o filho mais velho, Salo, era engenheiro e não se envolvia no empreendimento da família. Já Hélio cursava administração, estava mais próximo daquele universo. Quando ele entrou na operação é que o negócio começou realmente a crescer. Finalmente, Samuca tinha ido por outro caminho: queria ser jornalista, então tinha se formado na faculdade Cásper Líbero e era revisor da *Folha de S.Paulo*. Como a Léo crescia, passou a ajudar na empresa familiar, inicialmente cuidando do marketing. Mas não demorou a migrar para o balcão e, logo, estava cuidando de tudo.

Era para o irmão, companheiro de trabalho nos últimos vinte anos, que Samuca precisava explicar a estranha guinada. E a complicada conversa se deu no restaurante a quilo, ao lado da sede da Léo Madeiras, na zona oeste de São Paulo. Diante daquilo, Hélio tomou um susto, mais ouviu do que falou. Argumentou, lembrando dos planos futuros, mas não insistiu. No dia seguinte, voltou a conversar. No final, Hélio tinha entendido, e aceitado. E o clima fraterno falou mais alto do que o aspecto profissional. Claro que o irmão faria falta na direção da empresa, mas, se estava empolgado, que seguisse em frente. Samuca continuaria como sócio da Léo, mas fora da operação. Dessa forma, o grande empresário da madeira, que tocava um negócio de quase 200 milhões de faturamento anual, estava virando um pequeno livreiro. Mas pequeno apenas nos primeiros tempos...

O interessante era que a guinada profissional lembrava, de certa forma, a sua entrada no mundo das maratonas. Até meados dos anos 1990, Samuca tinha uma relação distante com o esporte em geral. Jogava futebol de vez em quando, gostava de nadar, mas andava incomodado com as constantes rinites. Até que um amigo que conheceu na escola dos filhos, o empresário Marco Botter, começou a falar de maratonas. E quando ele descreveu a prova de Nova York, o olho de Samuca brilhou. Que natação, que nada. Ele queria viver aquilo, e já queria sentar na janelinha. Seu desejo era começar na corrida logo pela Maratona de Nova York – e, como no episódio da Livraria da Vila, os sonhos não podiam esperar.

Assim, Samuel resolveu conhecer o treinador do amigo. Mas Mário Sérgio Andrade e Silva tinha clareza de que a maratona era o mestrado da corrida. Desse modo, antes de encará-lo, era preciso passar pelo ensino fundamental dos cinco quilômetros, o ensino médio dos dez quilômetros, a graduação da meia-maratona para só então pensar no mestrado. Era coisa de no mínimo dois anos. E estavam em junho, e a maratona de Nova York aconteceria em novembro. No entanto, Samuca declarou que só estava procurando treinador em função daquilo. Por outro lado, a Run & Fun era uma assessoria esportiva nova, precisava de novos atletas, então Mário engoliu sua convicção e topou o desatino. Não conseguiria mesmo demover seu obstinado novo atleta.

Samuca acabou se revelando um aluno dedicado e, já nos primeiros trotes, mostrou que tinha facilidade para evoluir. É claro que chegou a Nova York em 1995 sem a rodagem de um maratonista, mas não importava. Ele estava tão inebriado com o clima da prova que tinha até se esquecido dos próprios temores. Para ajudar, Mário Sérgio também se inscrevera na maratona, correria ao lado de Samuca e de mais alguns iniciantes. No entanto, na véspera da corrida, o treinador teve um problema. Quando estava fazendo a barba no quarto do hotel, girou o pescoço e teve um nervo pinçado. Sentiu uma dor absurda e foi para o hospital. No domingo, na largada, virou motivo de piada quando apareceu todo agasalhado e com um colete cervical no pescoço. O que o treinador não fazia para fugir de uma maratona...

Mas Samuca não se importou: a insegurança da primeira maratona tinha ficado no Brasil. Ele seguia fascinado por aquele evento que reunia milhares na pista e milhões na torcida, berrando nas calçadas. O trajeto do hotel em Manhattan até a largada em Long Island era demorado e durava quase duas horas entre ônibus, *ferry-boat* e caminhada. Depois, o tiro de canhão, o alto-falante que tocava "New York, New York" na voz de Frank Sinatra, era tudo fascinante. Já na partida, Samuca se lembrou do mantra do treinador: a ordem era ficar de olho no frequencímetro e não passar dos 150 batimentos por minutos. Isso significava, para ele, um ritmo para lá de tranquilo, abaixo de nove quilômetros por hora. Assim, a cidade ia passando lentamente na sua frente. E, no começo, as grandes retas do Brooklin pareciam meio monótonas; no Queens, o trajeto ficou mais divertido.

A entrada em Manhattan deixou a prova ainda melhor. Mas o cansaço foi chegando. O Bronx, já no quilômetro trinta, foi pesado. Até porque, na empolgação da pré-prova, Samuca não se deu ao trabalho de estudar o percurso. Apenas tinha na cabeça que a maratona terminava no Central Park, portanto entrar no principal parque da cidade era sinônimo de fim de prova. Só que não era bem assim: o atleta ingressa no parque no quilômetro 38, e dá muita volta até cruzar a linha de chegada. E isso deu um nó no cérebro de Samuca. A alegria de avistar o Central Park se desmanchou quando teve a visão da placa do quilômetro 38. Ainda havia mais quatro quilômetros para percorrer...

Logo, faltavam poucos metros para a chegada e o animado corredor da largada tinha virado um farrapo humano. "Samuonhemou, Samuonhemou", escutou ao fundo. Aquele som parecia familiar. Parecia ser "Samuca", parecia ser a voz de sua mulher, Débora, em um disco em baixa rotação. Ele estava esgotado, mal conseguia distinguir sons.

No fim, completou sua primeira maratona em 4h57. Depois, entrou no ônibus que guarda os pertences dos corredores trazidos da largada e desabou esgotado no banco. O voluntário explicou que ninguém podia ficar ali, que só podia pegar o que era seu e sair. Mas Samuca fez cara de combatente de guerra e sentou assim mesmo. Seu estado devia inspirar piedade, porque o voluntário o deixou por cinco minutos ali.

Já na noite de domingo o sentimento era outro. O esgotamento da chegada tinha dado lugar à satisfação da conquista. Com a medalha no peito, Samuca mancava com orgulho, como a maioria dos atletas de Nova York. Não era mais um soldado ferido na batalha, mas um veterano de guerra que marchava devidamente condecorado.

Claro que ele queria mais. Tão logo começou a inscrição para a edição seguinte da maratona de Nova York, lá estava Samuca. Só que no meio do caminho apareceu outra possibilidade. Em abril de 1996, a maratona de Boston completaria cem anos. O número de vagas para essa edição comemorativa foi ampliado, e um patrocinador da Run & Fun estava com algumas inscrições disponíveis. Samuca e a turma dos treinos toparam na hora. Com a experiência da primeira maratona no lombo, a segunda haveria de ser mais fácil. Porém, muito se falou sobre as subidas e descidas da prova, em especial sobre uma ladeira mítica: a Heartbreak Hill. É a última grande subida de um percurso todo acidentado. São apenas seiscentos metros, mas o problema é que a danada está no quilômetro 33 da prova.

Contudo, Samuca nunca teve dificuldades em subidas, e isso não parecia um problema em si. E não foi, pelo contrário: a Heartbreak acabou se tornando um momento inesquecível. Antes mesmo de chegar ao ponto inicial da subida, Samuca já escutava um som diferente. Eram as estudantes do Boston College que todo ano fazem uma festa para quem passa ali. Gritos, suspiros, *hi-fives* e até pedidos de beijinhos. A tradicional animação das garotas é capaz de levantar defunto, o que daquela vez não foi o caso de Samuca – ele estava bem, chegaria bem e completaria Boston em 4h23 sem a sensação de esgotamento da maratona anterior. Estava pronto para repetir a experiência da corrida em novembro, de novo em Nova York.

Entretanto, cumprir duas maratonas no mesmo ano nunca é algo fácil. Mal acaba o pesado ciclo de treinos para uma e já é preciso começar o próximo. O corpo não tem tempo de descansar entre um ciclo e outro, daí há o risco de lesões, sobretudo para os amadores. No caso de Samuel, havia um fator a mais: ele iniciava a vida de corredor com mais de quarenta anos. Mas animação não lhe faltava, muito menos disciplina. Além disso, ele conseguia realizar todos os treinos previstos sem se descuidar da Léo Madeiras, que andava em franco processo de expansão.

Só que sua segunda maratona de Nova York ainda teve um componente extra: uma frente fria atingiu a cidade e o problema nem era o zero grau Celsius indicado nos termômetros, e sim o vento, que derrubava a sensação térmica. No dia, Samuca foi para a largada com um moletom velho. Afinal, gostou do que viu no ano anterior – muita gente chegava agasalhada na largada e mantinha o corpo quente até minutos antes de o canhão disparar; depois, as roupas jogadas ali iam direto para instituições de caridade, todo mundo ficava feliz. O problema é que Samuca não avaliou corretamente o tamanho do frio. Talvez não tivesse sido o caso de ser caridoso tão cedo. Assim, mesmo correndo, não conseguia esquentar o corpo. A cada cruzamento mais aberto penava com as rajadas de vento. E nunca tinha lido nada sobre hipotermia, só que já experimentava os primeiros sintomas da baixa temperatura do corpo: estava mais cansado do que de hábito, tinha dificuldades para respirar e tremia.

Logo à frente, em uma esquina, percebeu que uma mulher incentivava os corredores que passavam. Ela tinha um moletom na mão. Não teve muita dúvida da intenção da mulher, até porque não pensou nisso na hora. Simplesmente entendeu que aquele agasalho era para ele, era mais uma prova da generosidade do povo nova-iorquino. Então, ao passar por ali, tomou o agasalho e vestiu rapidamente, sem olhar para trás. Se aquilo foi uma oferta ou um roubo, nunca soube, o fato concreto é que, com ele, se esquentou e completou a prova em 4h14, batendo seu recorde pessoal na maratona.

Quem diria, Samuca tinha mesmo virado um corredor. Afinal, no intervalo de um ano, estava completando sua terceira maratona. O interessante é que, quando criança, até sonhara em ser jogador de futebol. Mas o primeiro sinal de que talvez a bola não fosse exatamente a sua especialidade apareceu na época em que morava no Bom Retiro. Na época, tinha uns dez anos e vivia jogando com os outros meninos em um campo batido de terra. Um dos companheiros de time era Bob, o garoto que morava no andar de baixo no prédio da antiga rua Roque Farias. Os pais de Samuca e Bob eram companheiros do movimento comunista judaico, então os filhos acabaram virando unha e carne. Depois, o amigo se tornaria Bob Wolfenson, um dos principais fotógrafos de moda do Brasil, que se lembra do Samuca jogador como alguém mais esforçado do que exatamente talentoso.

Pois uma vez por ano a garotada formava um time para enfrentar os garotos da Igreja Dom Bosco, também no Bom Retiro. Era um clássico, judeus contra católicos. Mas, por mais simbólico que possa parecer, não havia ali uma conotação religiosa, era apenas o encontro da turma de uma rua com o pessoal da outra, uma partida laica, por assim dizer. E, nesses jogos, os católicos acabavam com os adversários e ganhavam com facilidade. Isso até o time dos judeus fazer uma importante aquisição: Jorjão, um menino negro que tinha entrado na turma e participava de todas as brincadeiras da rua Roque Farias. E, de tanto andar com os meninos judeus, Jorjão até arranhava algumas palavras em ídiche. O detalhe é que o goi ("não judeu" em ídiche) jogava demais. A nova estrela do time não era de Davi e tinha nome de santo: Jorjão. Assim, as vitórias finalmente vieram, mas Samuca compreendeu que não eram pelo seu desempenho futebolístico. Dessa maneira, futebol seguiria como diversão em sua vida, jamais como meio de vida.

A farra do Bom Retiro terminou cedo demais. Depois, sua família acabou se mudando para o bairro de Higienópolis e a infância descalça deu lugar a uma adolescência bem mais sisuda e apressada. Na época, os Seibel estavam matriculados em um colégio público de Santana, na zona norte da cidade. Aos doze anos, andando um bocado de ônibus todo dia, Samuca já não tinha tempo para as traquinagens. Até havia um time de futebol de salão na escola Otávio Mangabeira, mas Samuca só pegava o banco de reservas. Era tempo, então, de começar a encaminhar uma profissão, mas Samuca era um poço de dúvidas. O que sabia era que gostava de ler, um estímulo que vinha de casa. Na casa dos Seibel não havia luxos, os três irmãos dormiam no mesmo quarto e só havia um banheiro na casa. Contudo, sobravam livros. No tempo em que moraram na Bahia, Bernardo Seibel chegou a cultivar uma amizade com o escritor Jorge Amado. Mas o fato de gostar de ler não resolvia a angústia profissional do jovem Samuel. O que queria ser na vida?

A pergunta apareceu estampada em uma edição do *Jornal da Tarde*. Era um concurso e os vencedores ganhariam um teste vocacional gratuito. Pois Samuca mandou um texto para o *JT* e acabou sendo contemplado – ele tinha apenas dezesseis anos. Depois disso, foram dois dias de entrevistas na sede do jornal, na rua Major Quedinho, no centro de São Paulo, e tudo de graça. Uma pena que o resultado não tenha sido tão conclusivo, pois deu que ele tinha aptidão para jornalismo, publicidade e diplomacia. Ou seja, seguia na dúvida. Chegou até a fazer um teste para o Instituto Rio Branco, que formava diplomatas. Passou na primeira fase, mas na segunda teria de ir para Brasília. Assim, preferiu ficar, arriscou o jornalismo e entrou na Faculdade Cásper Líbero.

E a carreira jornalística andou rapidamente. Aos dezoito anos, já era revisor da *Folha de S.Paulo*. No ano seguinte, estava na Editora Abril, em uma espécie de estágio. Passou pelas revistas *Placar*, *Quatro Rodas* e *Veja*. Portanto, nem tinha se formado ainda e já era um jornalista rodado. Em seguida, voltou para a reportagem da *Folha*, e um tempo depois estava na editoria internacional. No entanto, apesar da rapidez com que a carreira andava, Samuel estava inquieto, pois queria conhecer o mundo. Então, em 1977, com 23 anos, pediu uma licença não remunerada ao jornal e comprou uma passagem para a Inglaterra. Com o que tinha juntado, poderia ficar três meses na Europa: passaria um mês em Londres, um em Paris e o terceiro dedicado a um *tour* entre Portugal e Espanha.

Mas não foi bem isso o que aconteceu... Nas primeiras semanas em Londres, Samuca se engraçou com Tina, uma moça de Birmingham que era *crooner* de orquestra, e o tal mês em Londres virou um ano. Assim, precisou avisar os chefes na *Folha* que não iria voltar ao trabalho. E claro que as economias precisaram ser espichadas, teve que reforçar o caixa trabalhando em um *pub* e foi até o homem-sanduíche que anunciava peças de teatro. Bons tempos. Além dos caraminguás em libras, recebia um reforço alimentar. E, ironicamente, o homem-sanduíche na terra da rainha ganhava um sanduíche do Burger King – o calórico Whooper era a principal refeição de todos os dias.

Mais adiante, com um conhecido que trabalhava na BBC, Samuel descolou trabalhos como jornalista *freelancer*. Naquele momento, Tina já era passado, e Samuca ainda tinha arranjado uma piscina pública para praticar natação. Pois uma senhora judia que nadava no mesmo horário que ele, encasquetou que o brasileiro tinha tudo a ver com uma moça polonesa chamada Joana. E o palpite não era furado: o encontro arranjado com Joana deu em namoro e, anos depois, em casamento.

Após um ano em Londres, Samuca resolveu retomar o plano inicial e, em seguida, mudou-se para Paris. Gostava da ideia de viver mais tempo na Europa e já sabia como se virar. Afinal, qualquer trabalho era trabalho. Desse modo, cuidou de crianças, foi porteiro noturno de um hotel pretensamente três estrelas em Paris e, para não perder o vínculo com a profissão original, ainda fazia um curso de Ciências Políticas. Ao final precisava entregar uma tese, e o tema foi o Brasil de 1968 a 1971 visto por três veículos diferentes, o *Le Monde*, o *Le Figaro* e *O Estado de S. Paulo*.

Dois anos após a experiência europeia, em 1979, Samuel estava de volta. E não estava mais sozinho: a polonesa Joana o acompanhava. Em pouco tempo conseguiu de volta o emprego na *Folha* e logo estava escrevendo notas internacionais para a agência UPI no Brasil. Só que tinha um projeto claro para o futuro: com a experiência fora e o domínio do inglês e do francês, queria ser correspondente no exterior. Deu um certo azar, pois o mercado não tinha vagas naquela época, mas seguiu assim, sem muito entusiasmo, tocando a vida no jornalismo. Talvez exatamente por isso, em 1982, tenha aceitado o convite do irmão Hélio para ajudar na Léo Madeiras. Além disso, naquele momento, nascia seu primeiro filho, Rafael, e dois anos depois chegaria o segundo, Flávio.

Em 1986, Samuca tomaria o primeiro grande revés da vida. Na época, as crianças cresciam, e a mulher polonesa não só tinha aprendido o português como já trabalhava com decoração. Tudo caminhava bem. Só que, então, descobriram o aneurisma de Joana. De repente, o jornalista que tinha virado comerciante estava viúvo e com dois filhos para criar, um de dois e outro de quatro anos. O mais fácil para Samuca talvez tivesse sido aceitar a proposta da sua mãe, que se ofereceu para cuidar dos netos. Mas ele sabia que a melhor forma de superar a dor era se ocupar. Assim, resolveu encarar sozinho o desafio, sem babá, levando e buscando os garotos na escola, bancando o pai e a mãe ao mesmo tempo. E não se arrependeu.

Apenas em 1988 começou um relacionamento mais sério com alguém. E, no início, até escondia dos filhos o namoro com a psicanalista carioca Débora Serebrenick. Não queria confundir a cabeça dos meninos, e não queria dar a entender que aquela mulher poderia ser uma nova mãe. Pois demorou para entender que tudo o que os filhos queriam era uma nova mãe – e logo. Também não sabia, nem poderia saber, que Débora desejava ter para si os filhos que ela nunca poderia conceber, mesmo com tratamentos. E, dessa forma, o casamento aconteceu em 1989; pouco depois, Rafael e Flávio a tratavam como mãe.

Débora não era maratonista, mas era como se fosse. Entendeu o bem que a corrida fazia ao marido e se tornou uma incentivadora. Anos adiante, quando Samuca flertou com o triatlo, deu um jeito de fazer o companheiro ir a uma loja de bicicletas no dia do aniversário dele. Então combinou com o vendedor de apresentar a Samuel uma de suas melhores bikes. E, quando Samuca se convenceu de que a bicicleta tinha sido feita para ele, o vendedor disse que aquele era mesmo o seu presente.

Além disso, nas maratonas, era a companheira perfeita. Sabia que, nos dias anteriores à prova, os passeios precisavam ser tranquilos, que as caminhadas mais longas deveriam ser evitadas. Foi assim em Nova York, por duas vezes, e em Boston, quando Débora acompanhou Samuca e vibrou nas chegadas.

Mas a maratona de número quatro foi diferente. O ano era 2000, e a turma da Run & Fun tinha combinado de fazer uma corrida brasileira. Iam todos para Porto Alegre, para uma prova rápida, plana e geralmente fria. O percurso era perfeito para baixar tempos, sem contar que a viagem era mais curta e sem fuso horário diferente. Então, por ser um destino mais próximo e com menos tempo para passear depois, Débora preferiu não acompanhar. Foi a única maratona em que ela faltou.

E era uma corrida para forçar – a maioria dos quase trinta atletas da Run & Fun foi ao Sul com esse espírito. Samuca mesmo estava com o bicho da competitividade no corpo, tinha se dado conta de que concluir uma maratona em menos de quatro horas não era tão improvável. Ele já cumpria os treinos mais curtos em ritmo forte. Tinha 4h12 como seu melhor tempo em Nova York e cravara

4h23 na difícil Boston, então era possível sim ser um sub-4 horas. Assim, desembarcou em Porto Alegre já na noite de quinta-feira, em 3 de maio de 2000.

Na manhã de sábado, estava marcado um treino da turma no Parque Marinha do Brasil, à beira do Rio Guaíba, e foi assustador. Não pelo dia cinzento nem pelo frio intenso, mas pelo vento. Por causa disso, o trotinho do sábado precisou ser feito em fila indiana, para que um protegesse o outro do vento frontal. Então adeus recordes, pois, se no dia seguinte as condições se repetissem, seria uma maratona de luta contra o vento. Contudo, Porto Alegre atendeu as preces dos deuses da corrida: domingo amanheceu ensolarado e sem nuvens no céu. A temperatura, na faixa dos onze graus, era perfeita para performances esportivas. Não havia desculpa alguma para não fazer o melhor.

E Samuca assim o fez. Fez até mais do que imaginava, descobrindo em si um potencial desconhecido – na verdade, aos 46 anos, faria a melhor maratona de sua vida. Ele começou em um ritmo pensado para terminar a prova perto de 3h50 – desse modo, se o cansaço batesse forte no final, ainda teria preciosos minutos para alcançar o sub-4 horas. Só que estava correndo com facilidade, e o tal do muro dos trinta quilômetros simplesmente não vinha. Assim, foi acelerando e terminou com a impressão de que poderia ter feito ainda melhor. No fim, o recorde anterior havia se desintegrado: o cronômetro oficial registrou 3h34min30. Daquele jeito, Samuca estava mudando de categoria na corrida, não era mais o sujeito que apenas completava maratonas, agora era da turma dos mais rápidos.

E, apesar do grande trabalho que dá treinar para maratonas, estava claro que ele queria repetir a brincadeira. Queria correr em Paris, Chicago, Berlim, a lista era grande. Só que a expansão da Léo Madeiras exigia dedicação, então Samuel precisava segurar a onda maratonística. E, no final de 2002, ainda veio a mudança profissional. Ele havia decidido ser livreiro, não pretendia apenas tocar uma livraria de bairro que já existia. Achava que a Livraria da Vila poderia extrapolar os limites da Vila Madalena, poderia extrapolar a função básica de vender livros. Bastava lembrar do que o motivara quando teve a epifania. Afinal, ele não entrou na livraria naquela noite antes da meia-maratona do Rio para comprar um livro, mas para tomar café em um lugar em que se respirava cultura e saber. Assim, arregaçaria as mangas e transformaria o conceito em realidade.

Começou aproveitando os vinte anos de experiência administrativa na Léo Madeiras. E, dessa maneira, botou as finanças da Livraria em ordem e se preocupou em treinar funcionários. Isso porque os vendedores precisavam ter intimidade com os livros: era importante ter bons leitores indicando leituras. E a maioria dos vendedores deveria ser formada em História, Ciências Sociais ou Letras. Já em 2003, uma unidade da Livraria da Vila foi inaugurada em Campos do Jordão como um espaço temporário no inverno da cidade turística. E não foi fácil botar o lugar de pé ao mesmo tempo que treinava para a Maratona de Chicago. Talvez os treinos tenham servido para lhe dar energia extra. Assim, em julho, a Livraria da Vila fervilhava em Campos. Depois, em outubro, Samuca estava com Débora em Chicago.

Nessa prova, não deu para melhorar o tempo de Porto Alegre, mas até a metade da prova o objetivo ainda era possível. Samuca completou a meia-maratona em 1h46, então a projeção de tempo final seria algo na faixa de 3h32. Só que, na segunda metade, o cansaço bateu e Samuca precisou baixar o ritmo para terminar Chicago em 3h41.

Enquanto isso, no plano profissional, Samuel seguia seu plano de expansão. Em 2004, a Vila montou um espaço temporário na Flip (Festa Literária Internacional de Paraty), o evento que se transformou na principal feira de literatura da América do Sul. Em seguida, fez uma parceria com a Casa do Saber dando oportunidade para a abertura da primeira filial da Livraria da Vila, na alameda Lorena, no bairro dos Jardins. E, com ela, vieram outras filiais nos shoppings Cidade Jardim, Higienópolis e JK, mais um ponto de rua em Moema, além das lojas no shopping Galleria, de Campinas, e no Batel, em Curitiba. Na verdade, mais importante do que a abertura das lojas físicas era a fixação do conceito. Porque, somando a agenda de todas as lojas, as Livrarias da Vila estavam promovendo perto de 2 mil eventos por ano. Eram palestras, lançamentos, debates, cursos, oficinas, leituras – sempre ligados à cultura. Para quem imaginava que o comércio eletrônico mataria as livrarias, aquela agitação toda não fazia sentido. Mas Samuca é da opinião de que as pessoas sempre terão a necessidade de se encontrar pessoalmente em algum lugar. E, no fim, livros e livrarias ainda são um ótimo pretexto para esses encontros. Não havia sido por isso que virara livreiro?

Nesse meio tempo de trabalho intenso, Samuel ainda cavoucou tempo para integrar mais duas maratonas: Berlim em 2005 e Paris em 2007. Duas corridas parecidas, e boas corridas do ponto de vista de performance. Em Berlim cravou 3h37, já em Paris, 3h35. Também foram ótimas provas, porque as duas viagens renderam muita diversão com Débora e casais de amigos.

Naquele momento, o processo de expansão das livrarias ficava ainda mais agradável por causa da parceria. E, sem que Samuel precisasse forçar a barra, os filhos Rafael e Flávio acabaram entrando no negócio. Cada um atuava em sua área: Rafael na administração e Flávio no marketing. Assim, de certa forma, a história se repetia – na Léo Madeiras, foi Samuca quem entrou na sociedade para dar uma força ao pai e ao irmão; agora eram os filhos que o ajudavam.

Tudo ia bem, até Débora apanhar os resultados de uns exames no final de 2009. Ela estava com câncer no ovário e precisava fazer uma cirurgia. Um ano depois, o câncer voltou. E, então, nos três anos seguintes, ela e Samuca travaram uma dura batalha contra a doença. Usaram todas as armas: tratamentos alternativos, remédios experimentais, apelaram ao que havia de mais novo nos Estados Unidos. Sem sucesso. Em meados de 2013, Samuca estava novamente viúvo. A grande companheira de todas as aventuras tinha partido.

Contudo, as circunstâncias eram diferentes do baque de 1986. Quando Joana se foi, as crianças eram pequenas e Samuca era um jornalista tentando administrar um comércio de madeira. Tentava precariamente se equilibrar sobre uma superfície instável. Em 2013, Rafa e Flávio trabalhavam com ele, e Samuca já se considerava um livreiro cuidando de uma cadeia de livrarias. Tinha uma base mais sólida para se recuperar da dor. Assim, seguiu tocando a vida, seguiu correndo.

Na busca por mais equilíbrio, resolveu experimentar a ioga. Enfim, encontrou o bem-estar e mais alguma coisa. Conheceu Márcia, professora da prática, musicista e integrante do grupo Barbatuques, que é conhecido por fazer sons usando o próprio corpo. Hoje, as sessões de ioga já ocupam quatro dias da sua semana. Também passou a fazer retiros e viagens ao Oriente. Dessa forma, ficou mais forte e preparado para a corrida. Já pensa em correr outra vez a maratona de Nova York, ou talvez estrear na Maratona de Londres. Aos 61 anos, sempre é tempo de fazer alguma estreia. Afinal, com quase 50, mudou de profissão e mergulhou no desconhecido ao deixar para trás a carreira de sucesso na empresa da família. Assim, os ouvidos seguem abertos aos sons de harpa que precedem as epifanias.

O PAI DAS MARATONAS

ABILIO DINIZ

78 ANOS | MARATONISTA E EMPRESÁRIO

"PAI, você não tem noção do que é isso aqui."

Do outro lado da linha, João Paulo parecia uma metralhadora. Não parava de contar detalhes de sua primeira Maratona de Nova York. E, por quase meia hora, Abilio escutou o relato telefônico do filho. Era novembro de 1991, fazia frio em Nova York. Minutos antes, João Paulo Diniz tinha cruzado aos berros a linha de chegada. Correu tão bem que deixou para trás seu treinador Vanderlei de Oliveira, um corredor já experiente e rápido. E cravar 3h30 na estreia era um feito e tanto.

Mas a euforia e a urgência de ligar para o pai tinham outra razão. Aquele clima das ruas nova-iorquinas era competitivo, saudável e, ao mesmo tempo, muito alegre. Merecia ser levado de volta ao Brasil na bagagem. Além disso, a corrida de rua e a maratona podiam servir de inspiração para a empresa da família, porque os tempos no Grupo Pão de Açúcar eram duros – duros não, duríssimos. A companhia tinha praticamente quebrado. Crescera demais, se expandira demais, com supermercados por todo o Brasil, mas perdera o controle.

No ano anterior, o grupo tinha faturado 1,7 bilhão de reais (em valores e na moeda de hoje). Era dinheiro graúdo, mas deixara um prejuízo de 110 milhões de reais. O principal problema naqueles tempos de início de governo Collor era a falta de caixa. Assim, as finanças secavam, e o Pão de Açúcar começava o dia sem saber como pagaria os fornecedores da tarde.

Abilio havia assumido a superintendência do grupo após uma violenta e midiática pancadaria acionária envolvendo os irmãos Alcides e Arnaldo, que acabaram se afastando da empresa. Naquele momento, era preciso enxugar a empresa, e o corte foi na carne, sem anestesia. Em 1991, o número de lojas do Pão de Açúcar caiu de 549 para 216. De 42 mil funcionários, só 20 mil permaneceram.

Quem ficara precisava de incentivo, propósito, energia. E aquela maratona parecia ter os valores de que o grupo precisava. Abilio escutou com atenção o que o filho relatava. Já no ano anterior, sua filha mais velha, Ana Maria, tinha estreado na maratona também por Nova York. Voltara maravilhada, só que João Paulo lhe contava algo mais importante, e fazia sentido trazer o esporte para o dia a dia do trabalho, ainda mais para alguém como Abilio dos Santos Diniz.

Filho de imigrantes portugueses, Abilio passou a infância em São Paulo, no bairro do Paraíso. O fanático por futebol era um audacioso goleiro, que não tinha medo de se atirar aos pés dos atacantes. Quando o pai, Valentim, vendeu a padaria que tinha no bairro para comprar uma maior na Liberdade, Abilio, que era o filho mais velho, precisou mudar de escola, entrando no quinto ano ginasial do colégio Anglo-Latino. Ali começaram as dificuldades. Afinal, ele era pequeno, levemente gorducho e ainda desajustado diante dos novos colegas, por isso era tido como o "almofadinha" da turma. Tomava cascudos e sofria *bullying* muito antes de a expressão existir. Mas o esporte o salvou. E primeiro veio o futebol. Ele era um bom goleiro, não demorou a virar um dos primeiros a serem escolhidos na divisão de times. Nessa época, caminhando pelo centro da cidade, descobriu a Academia Ono. Ali estava escrito "Judô, capoeira, caratê e boxe". Na dúvida sobre qual modalidade escolher, ficou com todas.

Logo, já não era mais um saco de pancadas. Sabia se defender e atacar se fosse necessário. E a intensa atividade ainda lhe ajudou a perder peso. Além disso, ele ia bem na escola e já começava a virar o braço direito do pai. Pensava em se tornar um acadêmico, queria ser Ph.D. em economia em alguma universidade americana.

Depois, aos 23 anos, já formado em Administração de Empresas pela Fundação Getulio Vargas, preparava-se para cursar Economia na Universidade de Michigan quando recebeu o chamado do pai para uma nova empreitada: a família se arriscaria no ramo de supermercados, e o primogênito seria fundamental para tocar o negócio. Não houve como recusar.

Mas valeu a pena, porque Abilio gostou da brincadeira. A primeira loja, aberta em 1959 na avenida Brigadeiro Luís Antônio, logo deu filhotes e a marca Pão de Açúcar rapidamente tornou-se sinônimo de supermercado em São Paulo. E quanto mais a rede se expandia, mais o executivo se ligava aos esportes. Seguia como goleiro, mas também nadava, pedalava e até se aventurava na motonáutica e no automobilismo ao lado do irmão Alcides. Ele não estava para brincadeira: com uma lancha que chegava a 110 milhas náuticas por hora, foi tricampeão brasileiro nos anos 1970. Já dividindo um Alfa Romeo GTA 2000 com Alcides, venceu as Mil Milhas de Interlagos em 1970.

O sangue competitivo jorrava em suas veias e o esporte o acompanhava desde a primeira infância. Mas, apesar de ter experimentado as modalidades mais diversas, Abilio nunca considerou a corrida como um objetivo em si. Ele até dava seus trotinhos, porém sempre como forma de ganhar resistência naquilo que "interessava", como o tênis, o *squash* ou o que fosse. Mesmo assim escutou com atenção o filho maratonista, que estava em Nova York. Perguntava-se: como seria essa história de colocar a corrida na lida empresarial? Como os funcionários do grupo entrariam no clima? Tudo bem, que se montasse o plano. E, dessa forma, João Paulo e o amigo e treinador Vanderlei Oliveira começaram a rascunhar o esboço do

PA Clube, o programa de esporte e qualidade de vida do Grupo Pão de Açúcar.

O PA nasceu exatamente no primeiro dia de 1992. A família tinha a tradição de trabalhar todo primeiro de janeiro. Era um dia de lojas fechadas, um dia de balanço para o grupo, quando a ideia foi apresentada na sala da diretoria, composta basicamente pela família Diniz. Pois o plano era criar um verdadeiro centro de treinamentos dentro da empresa, com técnicos, nutricionistas, médicos e tudo mais. A ambição era enorme: transformar a vida dos funcionários por meio da prática cotidiana de exercícios físicos. E, daquela forma, além da melhora automática da qualidade de vida, a produtividade tinha tudo para crescer. Diante da ideia, Abilio não demonstrou entusiasmo nessa primeira reunião, talvez desconfiado de que aquilo tudo não acontecesse na prática. Mas aprovou a criação do PA Clube – e não se arrependeu.

A ideia pegou. Os funcionários realmente aproveitaram o estímulo para entrar em forma. E do empacotador ao dono da empresa, passando pelos caixas, secretárias e pela alta gerência, a corrida se tornou uma febre nos escritórios e nas lojas. O incentivo era total: a empresa montou uma bem equipada academia de ginástica ao lado da sede, pagava inscrições em provas e ainda promovia treinos semanais no campus da Universidade de São Paulo. As assessorias esportivas se assustaram com a força do PA. Em uma época na qual os treinadores mal ofereciam água e isotônico aos atletas, o PA erguia uma tenda que mais parecia uma feira livre. Com frutas, pães e sucos, Abilio não economizava em nada. Até porque logo percebeu que alguns funcionários mais humildes chegavam para treinar bem cedo de barriga vazia.

No fim, os mais dedicados e mais talentosos recebiam tratamento privilegiado. Demerval "padeiro" e Antônio "do açougue" eram dois que se destacavam naqueles tempos. E, se havia possibilidade de evolução e pódio em corridas de rua, a rotina de trabalho da turma era aliviada. Pão de Açúcar já não era apenas uma rede de varejo, mas um clube de atletismo, e dos mais competitivos. Além disso, o entusiasmo do chefe era total, e Abilio treinava muitas vezes com a turma.

De vez em quando, Vanderlei também inventava de fazer um treinão em Campos do Jordão, no interior de São Paulo, aos sábados. O PA alugava um ônibus que carregava uma turma animada já nas primeiras horas da manhã para correr pela estrada do Horto, tudo em ritmo de superprodução. A loja da cidade de São José dos Campos, a mais próxima da turística Campos do Jordão, era encarregada de montar a barraca com frutas e sanduíches para os atletas. E, quando Abilio embarcava no ônibus com a tropa, o gerente do Pão de Açúcar de São José dos Campos tremia. Nada poderia dar errado, o chefe não tolerava atrasos e ineficiências.

Na época, estava desembarcando na empresa o executivo Luis Fernando Viana. Carioca e corredor, apoiava totalmente o PA Clube. Só via uma fragilidade no projeto: ele era todo voltado ao público interno. Será que o Pão de Açúcar não deveria botar aquilo para fora? Assim, em um fim de tarde, Viana e João Paulo resolveram quebrar a cabeça para desenvolver a ideia. O carioca se lembrou de ter lido algo sobre a Ekiden, uma prova que nasceu dentro de uma universidade e se tornou tradição no Japão. Lá, todos os anos, milhares de atletas percorrem em equipe os 217 quilômetros entre Tóquio e Hakone. Os times têm dez integrantes e cada um faz o equivalente a uma meia-maratona. Pois não era mais ou menos daquilo que o PA precisava? E seria também uma oportunidade para resolver outra questão, porque corrida era um esporte individual, mas também poderia ser coletivo e, por isso, mais contagiante. Assim nascia a Maratona de Revezamento Pão de Açúcar, um evento que transformaria para sempre a corrida de rua no Brasil.

Essa prova já nasceu inclusiva. Era uma maratona com 42 quilômetros, sim, mas que podia ser paga em suaves prestações de oito vezes de cinco quilômetros – no país do crediário, só podia dar certo. Assim, montavam-se equipes de oito, quatro ou dois integrantes para percorrer a distância de uma maratona ao longo da manhã de um domingo, geralmente em setembro. E era quase irrecusável o convite dos colegas de seção: "Já temos sete corredores, só falta você. Se não aguentar correndo os cinco quilômetros, pode caminhar, o que importa é a diversão...". Desse modo, o Pão de Açúcar deu à luz uma nova geração de corredores. Principalmente porque, ao participar daquele domingo festivo, era difícil não querer mais.

O kit da prova era generoso: camiseta tecnológica, barras de cereal, isotônico e, o principal, uma enorme medalha na chegada. Depois disso, milhares de pessoas que estrearam com arrastados cinco quilômetros na Maratona de Revezamento Pão de Açúcar se tornaram corredores habituais e até "maratonistas individuais" anos depois. Mas o desenho da prova exigiu horas e horas de debates. Como fazer a troca de corredores? Com um bastão, como nas provas de atletismo de pista? E para beber água, não seria incômodo? Pois a ideia de uma munhequeira e, mais tarde, de uma braçadeira que automaticamente se moldava e fechava no pulso resolveu a questão. Assim, a maratona começou por São Paulo e aos poucos ganhou o Brasil. Rio de Janeiro, Brasília, Fortaleza, novos corredores foram gerados Brasil afora.

O evento logo passou a ser aberto, então qualquer um poderia se inscrever. Grupos de amigos de clubes e de outras empresas formavam equipes, mas era a turma do PA Clube que ia em massa. E a equipe número um tinha sempre Abilio, João Paulo e mais dois integrantes da diretoria. E quanto aos outros quatro? Bem, aí Vanderlei de Oliveira fazia uma peneira entre os funcionários mais rápidos de todo o grupo e os selecionava.

Nessas horas, Abilio sempre gostava da integração com todos, mas, se pudesse chegar entre os primeiros, tanto melhor. João Paulo lembra que havia um objetivo ainda mais específico, que era vencer o time dos seguranças da família. Afinal, para proteger a família, os seguranças tinham que correr ao menos no mesmo ritmo que os protegidos. Para trabalhar com Abilio e João Paulo, era fundamental estar preparado para treinos quase diários. Mas a maratona era a oportunidade de os seguranças tirarem uma onda com os patrões, então Abilio e João Paulo faziam força para não dar esse gostinho aos companheiros de treino no dia da Maratona Pão de Açúcar...

Logo, o PA começou a patrocinar atletas de fora também. Vanderlei Cordeiro de Lima e Marílson dos Santos, a fina flor da corrida nacional, vestiram algum dia a camisa do Pão de Açúcar. E estrangeiros entraram no time, pois o PA fez uma espécie de convênio com o Sporting de Portugal, aproveitando os laços luso-brasileiros da família Diniz. Desse modo, funcionários com potencial de profissionalização no atletismo faziam estágio em Portugal. E ótimos atletas portugueses também eram patrocinados pelo Pão de Açúcar. Foi o caso dos gêmeos Dionísio e Domingos Castro. Domingos, aliás, não era ótimo, era excepcional. Participou das Olimpíadas de 1988 e 1992, venceu a Maratona de Roterdã com a expressiva marca de 2h07 e ficou próximo do recorde mundial. Os gêmeos também estavam na equipe que chegou a ser bicampeã da Maratona de Revezamento Pão de Açúcar nos anos 1990.

Dessa maneira, o PA Clube se consolidava e a maratona crescia, mas Abilio ganhava outra preocupação. O caçula da família, Pedro Paulo, estava seguindo os passos do pai e do irmão mais velho,

João Paulo, e enveredava para o esporte. Contudo, gostava da modalidade que não é costumeiramente muito apreciada pelos pais: o automobilismo. Pedro era o filho mais problemático dos quatro de Abilio e de Auri. Não era um campeão nos estudos, por isso trocava várias vezes de escola na esperança de que o problema fosse o método de ensino. E um dos poucos focos de interesse do garoto eram os motores.

Na saída da adolescência, Pedro começou a frequentar o Kartódromo de Interlagos. Abilio não cortou o combustível e, quando percebeu, já era tarde. Então, com vinte anos, Pedro Paulo havia decidido perseguir o desejo de ser piloto de Fórmula 1 na Europa. Mas, ainda que não quisesse viver com o coração na mão, o pai não tinha autoridade moral para torpedear o sonho do filho, já que ele mesmo, Abilio, tinha se aventurado na velocidade, primeiro na motonáutica e depois no automobilismo.

A situação da empresa no início dos anos 1990, porém, não permitia patrocínios maiores, Pedro Paulo precisaria se virar com um apoio limitado. Não conseguiu carros competitivos, mas chegou lá. Competiu ao longo de seis temporadas na Fórmula 1, e com muita diversão. Vivia a mais de duzentos por hora. E, quando Abilio o visitava em Mônaco, impressionava-se com todo aquele glamour. Lá, o empresário de sucesso no Brasil não passava de "o pai do Pedro". O filho era paparicado e fazia sucesso na cidade, a bordo de sua Ferrari pelas ruas do principado. Também era chamado de "monsieur Diniz" e namorava modelos deslumbrantes – Fernanda Lima foi uma delas, enquanto Naomi Campbell era sua parceira de festas –, além de ter amigos príncipes.

Os resultados na pista, porém, não eram proporcionais à espuma toda. Ele não teve nenhuma vitória na Fórmula 1. E, além da frustração de não subir no pódio, tinha o receio de decepcionar o pai. Afinal, aqueles meninos tinham sido educados para serem os melhores naquilo que escolhessem, nada menos do que isso. Para piorar, ainda teve o susto que aconteceu na largada em Nürburgring, na Alemanha. Pedro Paulo tomou um toque por trás quando estava a mais de duzentos quilômetros por hora. O carro voou e aterrissou com as rodas para cima. Enquanto a equipe médica o resgatava do *cockpit*, Pedro só pensava na reação do pai ao ver tudo aquilo pela TV. Mas teve sorte, saiu quase sem arranhões. Da maca, ergueu a mão e mandou um sinal de positivo para a câmera de televisão. Na verdade, um sinal para Abilio.

Não era fácil ser pai de piloto, o jeito era trocar as preocupações pelo exercício. E Abilio estava contagiado por toda a agitação do PA clube, determinado a seguir os passos dos outros dois filhos, Ana Maria e João Paulo, e fazer sua primeira maratona. Já tinha ido ver de perto a prova de Nova York, só precisava sentir como era. Tomou a decisão e pediu para que o inscrevessem na Maratona de Nova York, em 1994. Só que o ciclo de treinamento não foi fácil. Com ele, Vanderlei de Oliveira conseguia propor sem problemas as sessões de maior intensidade, porque o empresário gostava de acelerar. Mas não tinha paciência para os treinamentos mais longos. E em uma maratona, os treinamentos longos são vitais para educar o corpo e o cérebro para o dia dos 42 quilômetros. Passar perto de três horas correndo em um ritmo mais lento aborrecia demais Abilio.

Já no quesito alimentação, tudo foi mais fácil. Abilio conheceu o nutricionista esportivo Antonio Herbert Lancha Júnior e logo se entendeu com ele. Lancha não veio com uma fórmula pronta, conseguiu montar um cardápio incomum para alguém que tinha uma rotina para lá de diferente. O café da manhã era farto, começava com frutas suculentas, como melão ou melancia, passava por um balde de café com leite, pão, ricota, iogurte com 0% de gordura e cereais. No meio da manhã, vitaminas com suplementos proteicos e a "estrela" do cardápio: um "sanduíche" de barra de fibras. Assim mesmo: um pão integral de cada lado e uma dessas barras bem secas de fibra no meio. No almoço, tinha salada, queijo branco *light*, sucos e frutas. Havia mais um lanche à tarde e, ao fim, um jantar ligeiramente livre, sempre evitando frituras e gorduras.

Com um percentual de gordura perto dos 10%, Abilio desembarcou em Nova York. A ansiedade que ele sentia era semelhante ao que acontecera em outras estreias esportivas ao longo da vida, com o agravante de saber que, em uma maratona, os ponteiros do relógio trotam sem pressa. E a turma toda do Pão de Açúcar estava ao seu lado, mas, assim que fosse dada a largada, teria de ser cada um por si. Assim, de repente, com um tiro de canhão na ponte Verrazano que liga State Island ao Brooklin e a gravação de Frank Sinatra cantando "New York, New York", Abilio se misturou aos milhares de corredores. O passeio pelos bairros do Brooklin e do Queens foi tranquilo, mas a entrada na Ilha de Manhattan no quilômetro 25 trouxe as primeiras dores mais fortes. Os treinos de longa distância não realizados cobravam a conta. No final da prova, no Central Park, estava anestesiado. Já tinha feito de tudo em matéria de esporte, mas nada semelhante a uma maratona. E foi desse jeito que cruzou a linha de chegada, em 4h37.

Depois dessa, viriam mais maratonas, Abilio ainda correria as edições de 1995 e 1997 em Nova York. Em 1995, baixou em três minutos sua marca e fechou em 4h34. O recorde viria dois anos mais tarde, com 4h30 cravados. Contudo, sob vários aspectos, a Maratona de Nova York de 2000 foi a mais significativa. Naquele momento, a epidemia da corrida havia se espalhado pelo Grupo Pão de Açúcar. Nos corredores, era difícil não escutar conversas sobre treinos e provas. Ninguém era obrigado a correr, mas quem não estivesse treinando ficava sem repertório para interagir com os colegas. Para todas aquelas pessoas, a maratona era o objetivo final. Além disso, a empresa ainda oferecia um bônus para quem corresse mais: os melhores do ano do PA concorriam a uma chance de disputar a Maratona de Nova York com tudo pago.

No entanto, a definição de "melhores" não tinha relação direta com o desempenho esportivo. O critério fundamental para definir os escolhidos era a dedicação ao esporte. Era Vanderlei Oliveira, diretor do PA Clube, quem conferia o desempenho da tropa. Para entrar no jogo, era necessário ter ao menos dois anos de treino, participar de quatro treinamentos semanais com a equipe do PA, ter corrido doze provas de dez quilômetros, além de quatro meias-maratonas. Parecia algo para poucos, mas no Pão de Açúcar vários já tinham o "currículo básico" completo.

Em 2000, o departamento de marketing separou verba para levar oitenta funcionários para Nova York. Nesse processo, Abilio fazia questão de bater pessoalmente a lista com Vanderlei. Ele não só conhecia os corredores pelo nome, mas sabia como eles eram como atletas. A expectativa de participar daquele time era enorme. Quando terminaram de escolher os oitenta felizardos, Abilio percebeu que o treinador estava angustiado. "Tem mais gente que merecia, não é? Tá certo, bota mais vinte nomes e inteiramos cem", disse Abilio. Então, Vanderlei voltou ao listão e trouxe os vinte novos nomes combinados. Só que ainda ficara de fora gente boa e esforçada. Aí Abilio, o homem que já tinha feito cortes profundos na empresa em anos anteriores, estourou de vez o orçamento do marketing: "Ok, Vanderlei, coloca mais vinte e vamos em frente!".

Foi uma festa. A empresa estava levando nada menos do que 120 pessoas para a Maratona de Nova York no ano de 2000. Mas foi também um tormento. Como conseguir visto para toda essa gente? A maioria nunca tinha sonhado em sair do País e não possuía passaporte, quanto mais o sempre complicado visto americano. A sorte era que o cônsul dos Estados Unidos em São Paulo era um corredor dedicado, figura fácil de ser encontrada no Parque Ibirapuera. Assim, Abilio assinou cartas para o consulado e secretárias do Pão de Açúcar foram mobilizadas para agilizar a papelada. No fim, deu certo – em novembro, uma legião de colaboradores do PA estava desembarcando no aeroporto JFK. Ficaram todos no mesmo hotel que Abilio. Todos faziam as refeições em um mesmo salão, que precisou ser reservado especialmente para os brasileiros. Além disso, o nutricionista esportivo Antonio Lancha preparou cardápios balanceados para os atletas.

No dia da maratona, três ônibus estavam reservados para a delegação brasileira. E ver a alegria daquela turma toda foi o equivalente a subir em um pódio. Principalmente para Abilio, que sempre vibrou com aquisições, abertura de lojas e com resultados expressivos no balanço. Mas abraçar os companheiros humildes de treino com a medalha da Maratona de Nova York no pescoço tinha um significado mais especial.

Desse modo, o PA Clube crescia e a companhia se recuperava. E, de certa forma, a farra toda da corrida colocava um ponto final no pior período da vida de Abilio Diniz: a briga familiar que rachou a companhia e destroçou o clã. De um lado, ficaram Abilio e sua irmã caçula Lucília, que anos depois se tornaria uma especialista em bem-estar e qualidade de vida. Do outro, os irmãos Alcides e Arnaldo. Pior: os dois lados não se falavam. Abilio até seguia se relacionando bem com o pai, que participava das reuniões no Conselho do Pão de Açúcar, mas perdeu o contato com a mãe, que ficou mais próxima dos outros dois irmãos.

Vale dizer que, além disso, aqueles eram tempos perigosos, pois os sequestros haviam virado uma alternativa rentável para o crime organizado. Duas vítimas foram o banqueiro Antônio Beltran Martinez e o publicitário Luiz Salles – Beltran, do Bradesco, passou mais de um mês no cativeiro, enquanto Salles penou por 63 dias até que os resgates fossem pagos e ambos fossem libertados. Diante disso, Abilio tinha pavor de que alguém de sua família pudesse passar por tal situação e protegia os filhos com seguranças particulares. Só não cuidava de si mesmo. Na época, se achava invulnerável. E, caso alguém tivesse a ousadia de enfrentá-lo, teria o troco, porque Abilio dirigia sua Mercedes-Benz sempre com um revólver ao alcance da mão direita.

Naquela época, mais especificamente na manhã de 11 de dezembro de 1989, ocorreu um episódio que marcou sua vida. Abilio saiu de casa para um dia comum de trabalho, mas mal saiu de carro do seu prédio em frente ao Clube Pinheiros e percebeu que havia algo estranho. Uma ambulância atravessou em sua frente e impediu a passagem pela rua Tucumã. Logo, ele sentiu uma pancada por trás: um Opala, dirigido por uma mulher, tinha batido em sua traseira. Abilio estava encurralado, mas preparado para o confronto. Ele pegou a arma, quando percebeu que alguém com farda de policial militar vinha pelo lado esquerdo. Só que, sem que se desse conta, outro homem veio pelo lado direito e arrancou a arma de sua mão. Abilio partiu para a luta corporal, mas não teve chance. Foi dominado e jogado na ambulância. Ele estava entrando na estatística dos grandes sequestros brasileiros. Era vítima de um grupo de militantes do Movimento de Esquerda Revolucionário, conhecido como MIR, composto por quatro chilenos, três argentinos, dois canadenses e um brasileiro. E eles não estavam de brincadeira: pediram 30 milhões de dólares e já tinham um caixão comprado caso o resgate não fosse pago.

Depois disso, os sequestradores deixaram a ambulância para trás e trocaram de veículo. O refém encapuzado foi para o banco de trás de outro carro e mais tarde para uma Kombi, antes de chegar ao cativeiro na zona sul de São Paulo. Tratava-se de um cubículo escavado abaixo do piso, que tinha por volta de 1,70 m de comprimento por 1,70 m de altura. Ali, uma forte luz ficava permanentemente ligada. E uma insuportável música sertaneja no último volume tocava constantemente. Se a ideia era desestabilizar psicologicamente o prisioneiro, funcionou. Nos primeiros dias, Abilio só podia se comunicar por bilhetes. Em um deles, capitulou: "Não vou tentar nenhuma loucura. Sei que vocês têm o controle da situação". Para quem vivia no cume da cadeia hierárquica empresarial, dando ordens constantemente, escrever aquilo foi doloroso.

Então os dias se passavam e Abilio ia repassando sua vida, pensando na morte. Em um dado momento, teve a certeza de que era o que aconteceria: ou seria executado ou morreria na tentativa de dominar o sentinela que trazia a comida. Não sabia, mas lá fora as notícias eram promissoras. A polícia desmontara a ambulância usada no sequestro em busca de pistas. Atrás do painel, encontrara o cartão de uma oficina mecânica. Assim, os sequestradores começaram a cair. Aliás, quando soube desse fato, Abilio viu nele um sinal da providência divina. Ou talvez fosse mesmo a mão de Santa Rita de Cássia, sua protetora e padroeira das causas impossíveis. Só uma mão iluminada para empurrar aquele cartão para trás do painel.

A ajuda superior também se fez de outra forma. Naquele momento, Abilio estava entrando em desespero. Sua filha Ana Maria tinha certeza de que o pai estaria se exercitando no cativeiro como forma de manter a saúde mental. Estava errada: Abilio não via sentido no exercício, já que ia morrer mesmo. Morreria lutando, pensava. Então, foi quando conseguiu resgatar a fé: pediu ajuda a Deus não para sair do cativeiro, mas para que não fizesse alguma besteira.

Isso porque, se o sequestro se arrastasse por muito mais tempo, talvez nenhuma força superior conseguisse segurá-lo. A sorte é que, a partir do cartão da oficina, a polícia passou a prender um a um do grupo de sequestradores, até chegar ao cativeiro. O esconderijo foi cercado no sábado, 17 de dezembro de 1989, alguns dias após o sequestro e na véspera da eleição presidencial de 1989. Foi Luiz Carlos Bresser Pereira, que tinha sido diretor do Pão de Açúcar e ministro da Fazenda, quem coordenou as negociações pela janela do sobrado onde estavam os sequestradores. No fim, Abilio foi libertado sem que fosse disparado um único tiro.

Ele acabou saindo do cativeiro barbudo, abatido e alguns quilos mais magro. Mas a maior transformação foi interna. E Abilio até tentou fingir certa normalidade. Tanto que foi libertado no sábado e, na manhã de segunda-feira, já estava nadando com a filha no Clube Pinheiros. De banho tomado, foi trabalhar no Pão de Açúcar como se estivesse voltando de uma semana de repouso nos Alpes Suíços. Mas a farsa durou pouco. Dias depois, entre o Natal e o ano-novo, estava dormindo no barco da família quando foi acordado por passos. Entrou em pânico, imaginou os sequestradores, achando que continuava no cativeiro. Mas era apenas o marujo do barco na proa. Naquele momento, decidiu que voltaria à psicoterapia, algo que havia parado anos antes.

Assim, aos poucos, Abilio percebeu que estava mudando. O sequestro, a briga familiar e a quase falência do grupo vieram em um pacote. Percebeu que não era tão poderoso quanto achava, que não poderia controlar tudo. Era o momento, então, de ouvir mais os outros e de aceitar o que a vida lhe oferecia.

As finanças da empresa estavam sanadas, o clima havia melhorado, mas Abilio não queria mais ser pego de calças curtas. A rede crescera muito nos anos 1980 e ele não soube fazer os controles necessários. E a crise que eclodiu nos anos 1990 decorreu mais ou menos disso. Era o momento de profissionalizar o Pão de Açúcar, a empresa precisava deixar de ser um grupo familiar. E, em 2003, Abilio retirou-se do comando e foi para o Conselho de Administração. Pela primeira vez na história, o grupo tinha na presidência alguém que não era da família – o diretor Augusto Marques da Cruz Filho assumiu o comando.

A partir daí, Abilio seguiu acompanhando de perto o dia a dia e continuava com a mesa no andar da diretoria. Mas não controlava mais a operação, era um executivo do grupo quem estava na presidência. Mais duro foi ver as mesas vazias dos filhos João Paulo e Ana Maria, que sempre estiveram ao seu lado. Cada um tinha ido tocar seus negócios. Se a ideia era deixar de ser uma empresa familiar, aquilo precisava ser feito.

Já do ponto de vista esportivo, a nova situação facilitou a rotina. Abilio estava um touro, com apenas 6% de gordura corporal. Aos 66 anos, tinha o desempenho de um atleta de trinta. Todo dia, acordava por volta das cinco horas da manhã e nadava uma hora. No intervalo do almoço, puxava ferro por uma hora e passava mais uma hora jogando *squash*. Aí comia um sanduíche de pão integral e queijo branco para recarregar as baterias, e encarava mais trabalho. Antes de voltar para casa, tinha mais duas horas de musculação e *squash*.

Desse jeito, por mais que tivesse toda uma equipe de preparação física em volta, Abilio não aliviava. Mas o corpo pedia clemência. E, em 2001, teve uma lesão mais séria. O tendão de Aquiles se desconectou do osso, provavelmente pelo excesso de carga. Seria necessária uma cirurgia e uma longa recuperação. Os médicos falaram em um ano, e o paciente começou a sofrer aí. Pouco depois, a operação aconteceu em Pittsburgh, com um especialista norte-americano. Em menos de 48 horas após a cirurgia, Abilio já estava na academia do hotel fortalecendo os braços. Duas semanas depois ele estava nadando com um gesso plástico e um flutuador entre as pernas. Assim, a previsão de um ano derreteu para quatro meses. De alguma forma, o "impaciente" paciente estava orgulhoso de ter desafiado a medicina e a vencido com obstinação. Mais à frente, estaria em outra posição do consultório e não acharia tanta graça desse tipo de valentia.

No mesmo período, seu filho João Paulo recebeu o diagnóstico de hipertrofia do miocárdio, uma doença congênita que costuma matar atletas. A recomendação clássica para esses casos é suspender a atividade física. Então, o cardiologista da família, Bernardino Tranchesi, buscou o que havia de melhor em matéria de pesquisa sobre a doença no mundo todo. Foram aos Estados Unidos e à Alemanha, e tudo o que ouviam vinha nesta mesma linha: ele teria de parar com a atividade física intensa. Mas João Paulo se recusava a aceitar o que os médicos diziam, o esporte era a sua vida, e ele não iria parar. Diante daquilo, Abilio sofria, oscilando entre o esportista obstinado que era e o pai preocupado.

Isso até que Bernardino encontrou um especialista em Washington que era mais, digamos, liberal na questão. Ele pediu exames de todos os tipos, João Paulo foi submetido a testes muito agressivos para elevar os batimentos cardíacos. Neles, seu coração não fibrilava, ou seja, parecia suportar qualquer tranco. Mas, mesmo assim, o médico americano desaconselhou a prática de esportes. Só que, com os resultados na mão, Bernardino encontrou um meio-termo e arriscou: permitiu que João Paulo voltasse a fazer atividade física leve e aos poucos fosse retomando seu ritmo. Anos depois, exames mostraram que a hipertrofia havia regredido. E, após esse período, João Paulo ainda conseguiu completar seu primeiro Ironman, uma vitória especial para ele. Já para o pai, mais do que tudo, era um imenso alívio.

No meio do turbilhão, Abilio ainda teve de lidar com outra separação. Seu primeiro casamento, com Auri, tinha durado 26 anos, e o segundo, com Rosana, dez. Mas a solteirice não se estendeu por muito tempo. O namoro com a diretora de planejamento do Pão de Açúcar, Geyze Marchesi, 35 anos mais nova, foi ficando sério e virou casamento em 2004. E Abilio, que já tinha Ana Maria, João Paulo, Adriana e Pedro Paulo, os filhos do primeiro casamento, aumentaria a família com Geyze: Rafaela, que nasceu em 2005, e Miguel, em 2009. E, apesar das diferenças de idade, todos os filhos acabaram de alguma forma compartilhando o amor pelo esporte. Não do mesmo jeito nem na mesma etapa de vida.

Por exemplo, a mais velha, Ana Maria, conectou-se com a corrida quando tinha 25 anos. Isso depois que seu primeiro marido, Tito Caloi, sofreu um infarto e precisou fazer uma delicada cirurgia em Cleveland, nos Estados Unidos. Ana pediu que o pai a acompanhasse na viagem e lá, para mitigar a agonia da espera, Abilio convenceu Ana a acompanhá-lo em trotes no parque. Ela, que odiava correr, topou, e a corrida realmente a deixou mais tranquila. No fim, a cirurgia foi um sucesso e, na volta, Ana seguiu correndo, cada vez mais. Foi a primeira a correr a Maratona de Nova York, contaminando o resto da família. De certa forma, retribuiu a inspiração do pai. Com Rafaela foi bem mais fácil. Já aos quatro anos ela completou seus primeiros cinquenta metros na corrida Pão de Açúcar Kids, para a felicidade do pai e "treinador" Abilio.

Assim, Abilio estava de casamento novo, com filhos pequenos e só alegrias na vida pessoal. Mas, do ponto de vista profissional, voltaram os velhos problemas. A companhia inchou de novo, o lucro não vinha e o grupo se ressentia de uma liderança clara e reconhecida pelo restante dos funcionários. Isso porque a ideia de promover um funcionário de carreira à presidência não tinha funcionado, e Marques da Cruz não trouxe os resultados esperados. Foi tentada, então, a contratação de um executivo de fora, Cássio Casseb Lima. Mas foi pior: sem o conhecimento do mercado e o reconhecimento da liderança, o novo presidente obteve números ainda piores.

Para complicar um pouco mais, o Carrefour tinha tomado a liderança no ranking de supermercados e os custos operacionais andavam acima da média do setor. Assim, era preciso fazer algo. Em primeiro lugar, voltar ao fronte. Então, Abilio seguiu como presidente do Conselho de Administração, mas passou a influir no dia a dia da companhia, contratando, em 2007, o executivo carioca Cláudio Galeazzi, um especialista em *turnaround*, o nome elegante para as viradas empresariais "sanguinolentas". Dito e feito: só nos cinco primeiros meses, oitenta diretores foram demitidos, mas as lojas ganharam autonomia e a saúde financeira foi resgatada.

Contudo, o fundamental era que Abilio havia voltado, então Galeazzi fez tudo com o apoio e a liderança do principal acionista. E a característica principal dessa reestruturação foi o *empowerment*, o fortalecimento dos times. A mexida foi providencial e, assim, mais leve, menos burocratizada e com mais rapidez na tomada de decisões, o Pão de Açúcar não enfrentou problemas de caixa quando veio a crise internacional de 2008, que começou pela Ásia mas se alastrou pelo resto do mundo. Pelo contrário: quando a concorrência começou a pedir água, o grupo estava pronto para crescer. E, em 2009, quando o mundo voltou a respirar, o Pão de Açúcar estava comprando as Casas Bahia e o Ponto Frio para retomar a liderança do mercado varejista.

O empresário, no entanto, vivia uma espécie de contagem regressiva. Abilio recebeu um aporte de 2 bilhões de reais do grupo varejista francês Casino. O controle acionário do Pão de Açúcar estava dividido e, no acordo, ficou combinado que até 2012 a gestão ficaria na mão de Abilio Diniz. Mas, depois de junho de 2012, seriam os franceses que dariam as cartas. E por mais estapafúrdio que pudesse parecer, o acordo fazia sentido. Os franceses queriam entrar no mercado brasileiro pela porta da frente. Até poderiam vir pelos fundos, gastando os tubos para promover sua marca própria, que é forte na Europa e desconhecida por aqui. Ou poderiam se associar ao líder. E queriam contar com a experiência de um empresário calejado e reconhecido como Abilio nesse processo. Assim, a cláusula de 2012 era a forma de contar com um Abilio sem se amarrar ao clã Diniz.

Mas tudo o que Abilio enxergava era uma ampulheta derramando areia. Junho de 2012 estava chegando, o que significava quase uma morte empresarial. A partir daquele momento, ele deixaria de ser o comandante. E aquilo era inconcebível para quem deteve esse poder por quase seis décadas. Então, Abilio cometeu o que foi, provavelmente, seu maior erro em toda a carreira. Ele tentou uma solução mágica, imaginando uma fusão com o concorrente Carrefour. Secretamente, articulou o acordo sem que os sócios do Casino soubessem. E pior: ainda tentou se alavancar com recursos do BNDES, o que o prejudicou junto à opinião pública.

No fim, deu tudo errado: os franceses do Casino ficaram furiosos com a quebra de confiança e usaram esse argumento para tirar o controle acionário das mãos de Abilio antes da hora. O Casino ainda entrou com um pedido de arbitragem na Câmara Internacional de Comércio, em Paris, e os advogados fizeram a festa. Logo, as ações da companhia despencaram e ficou claro que o mais lógico para todas as partes seria antecipar o acordo que já previa a saída de Diniz. O resultado é que Abilio espirrou do próprio grupo que ajudou a fundar. Com um bocado de dinheiro nos bolsos, é verdade, algo perto de 5 bilhões de reais. Mas é claro que sua inatividade duraria pouco.

Meses depois, Abilio já estava metido em uma nova empreitada. Em 2013, comprou, por 1,2 bilhão de reais, ações de uma empresa pouco conhecida pelo nome. No entanto, se a sigla BRF diz pouco para a maioria da população brasileira, o que está por trás dela é bem familiar. Afinal, a Brasil Foods, BRF, é a empresa que resulta dos gigantes do mercado alimentício Perdigão e Sadia. Assim, Abilio arrematou 3% das ações com cabeça de investidor, sem imaginar que iria se envolver mais diretamente no negócio meses mais tarde. Isso porque os outros acionistas, o fundo de investimento Tarpon e a Previ – o fundo de pensão dos funcionários do Banco do Brasil – estavam insatisfeitos com a gestão da BRF. E o nome de Abilio como o novo comandante da empresa soou como uma solução genial. Mas não foi simples, era preciso convencer outros acionistas graúdos, como o Petrus, o fundo dos funcionários da Petrobras. Porém, em seguida, o nome de Abilio passou e a revolução começou. Ou melhor dizendo, recomeçou, já que aquele roteiro lembra as velhas histórias que se passaram no Pão de Açúcar.

Abilio Diniz parece sempre mais animado quando se refere aos *turnarounds* do que quando fala de outros movimentos empresariais. É quase como se achasse mais saborosa a vitória conquistada de virada em um time desfalcado. Naquele momento, ele sabia exatamente quem chamar para buscar a virada: Cláudio Galeazzi, também conhecido como "mãos de tesoura" por seu passado de cortes, desembarcou na BRF. Foi assim que começou o clássico "Plano de 100 dias". Na verdade, a situação da empresa de 110 mil funcionários estava longe de ser dramática, mas a ineficiência era algo que saltava aos olhos. Porque Perdigão e Sadia tinham se juntado, mas seguiam dormindo em camas separadas – duas enormes camas de casal, ainda por cima. Assim, as equipes administrativas e de vendas estavam duplicadas, a coordenação era precária e os resultados, insuficientes.

Em seguida, Abilio e Galeazzi reviveram a "estratégia do mergulho" do Pão de Açúcar, ideia que consistia em descer até o chão de fábrica para observar práticas e conversar com os funcionários dos níveis hierárquicos mais baixos. E, se a descida era "observando", a subida era "modificando". Afinal, não havia tempo a perder. As mudanças precisavam ter certo ar de urgência para serem captadas pela turma. Cem dias. Antes do processo, a BRF tinha cinco camadas, do presidente ao chão de fábrica. No fim, elas viraram três. Além disso, cerca de 1.300 funcionários foram demitidos, quarenta diretores perderam seus empregos e vagas foram cortadas.

Outro fato era que a BRF perdia tempo e dinheiro em segmentos como carne bovina e laticínios, então era hora de pular fora. Também perdia energia com a rivalidade entre duas marcas que eram concorrentes históricas antes da fusão. Nesse ponto se concentrou a base do trabalho da dupla Abilio-Galeazzi. E os resultados já começaram a aparecer em 2014: o faturamento de 2014 cresceu por volta de 7% e o lucro líquido quadruplicou, chegando a quase 1 bilhão de reais.

Já em abril de 2015, Abilio teve outro reconhecimento de seu talento como administrador: ele investiu 2 bilhões de reais em um só dia e se tornou o quarto maior investidor do Grupo Carrefour, com 5% do total de ações. No dia da aquisição, 9 de abril, as ações subiram 1,4% na Bolsa de Paris, prova de que a chancela Abilio Diniz segue forte quando o assunto é varejo.

Entretanto, se Abilio mantém o mesmo perfil como gestor, o mesmo não se pode dizer no capítulo esportes. Ele ficou mais calmo e menos competitivo, com exceção apenas quando o assunto São Paulo Futebol Clube entra em pauta. São-paulino fanático, Abilio foi se tornando mais crítico e exigente ao longo dos anos. E o episódio do Mundial de 2005 contribuiu para isso. O presidente do clube na época, Marcelo Portugal Gouveia, resolveu fazer um agrado ao empresário-conselheiro e o convidou para chefiar a delegação que disputaria o Mundial Interclubes em dezembro. Diante disso, Abilio ensaiou recusar até que lhe foi explicado que um chefe de delegação não faz rigorosamente nada além de ficar junto com a turma.

Assim, como já estaria na Ásia em uma viagem de negócios na mesma época, uniu a fome com a vontade de torcer. E, em Tóquio, descobriu que ainda teria a honra de assistir aos jogos do banco de reservas. Assim, viu emocionado o seu time tomar uma pressão danada do Liverpool, da Inglaterra, e achar um gol solitário que deu o tricampeonato mundial ao São Paulo. No período, também fez amizade com o treinador Muricy Ramalho e, principalmente, com o seu auxiliar técnico, Milton Cruz. Para quê? Com o número de Milton devidamente gravado no *smartphone*, Abilio passou a ligar esporadicamente no intervalo dos jogos a fim de fazer suas observações e sugerir substituições para o segundo tempo.

Mas voltando aos negócios, como comandante da BRF, Abilio nem pensou em reproduzir o modelo do PA Clube. Por outro lado, o Pão de Açúcar, além de incentivar a prática de esportes dentro da empresa, foi fundamental no atletismo dos anos 1990 para cá. Marílson dos Santos venceu duas Maratonas de Nova York sob o patrocínio da marca. Maureen Maggi também foi a primeira mulher de ouro do atletismo brasileiro com o Pão de Açúcar a empurrando para saltar mais longe. E dezenas de atletas olímpicos foram apoiados, afinal, era esse o objetivo. Contudo, ao deixar o grupo, Abilio não abandonou a ideia de seguir investindo em esporte, só mudou o foco. Resolveu, então, apontar as baterias para a formação e o aprimoramento de grandes atletas.

O seu conceito de qualidade de vida também foi mudando ao longo dos anos. Principalmente após conhecer o fisiologista Irineu

Loturco, o comandante do Núcleo de Alto Rendimento (NAR) do Pão de Açúcar. Um misto de cientista maluco e treinador exigente, Loturco é obcecado por provar academicamente o que observa na vida prática. Assim, fez do NAR um grande laboratório vivo. Além disso, usou atletas de todas as modalidades como cobaias, e sempre foi passando suas impressões para Abilio. Por sinal, uma de suas principais conclusões desafiava um dogma "abiliano", o de quanto mais treino melhor. Loturco mostrou que qualidade não era sinônimo de quantidade, pelo contrário: o excesso de atividade física era inimigo da longevidade. Desse modo, Abilio começou a tirar o pé do acelerador no que dizia respeito ao volume de treinamento.

Já em palestras, Abilio segue falando da importância do esporte, só que sem exageros. Ainda diz que o homem é sustentado por seis pilares, que são atividade física, alimentação, controle de estresse, espiritualidade e fé, autoconhecimento e amor. Quando fala de esporte, deixa claro que não sugere mais o seu exemplo de vida. Afinal, ele se convenceu de que é preciso mais moderação quando se pensa em qualidade de vida. Maratonas, grandes pedaladas e esforços máximos não garantem longevidade. Portanto, no caso da BRF, o programa de saúde e qualidade de vida passa ao largo do alto rendimento e incentiva mais a atividade física moderada.

Talvez o caçula do primeiro casamento tenha alguma relação com esse Abilio mais zen.

Isso porque o tempo passou, a carreira de piloto de Fórmula 1 de Pedro Paulo Diniz terminou e ele voltou ao Brasil. Após um tempo vagando sem um objetivo definido, ele se reencontrou. Acabou se casando com uma colega de ioga e indo morar no interior paulista, na fazenda da família. Lá criou uma marca de produtos orgânicos, a Fazenda da Toca. São frutas, verduras, laticínios, de tudo – e nada de químicos.

Hoje, o playboy da Fórmula 1 simplesmente sumiu, e o máximo de velocidade que se permite é a pedalada matinal em volta da propriedade. O ex-homem da noite hoje se deita antes das dez horas da noite, pratica meditação e ensina os novos valores aos dois filhos pequenos. É o caso da interdependência, uma das primeiras lições da agricultura orgânica. Afinal, para ter frutas perfeitas sem agrotóxicos, é necessário pensar no solo, nos animais em volta e em todo o ciclo de produção. E, dentro desse conceito, o rapaz construiu uma equipada escolinha, que atende as cinquenta famílias que vivem na fazenda.

Desse modo, o orgulho que Abilio sentia pelo filho piloto que circulava no *jet-set* europeu deu lugar a uma admiração ainda maior pelo filho agricultor. Os olhos do empresário brilham quando relata a rotina interiorana de Pedro. Nas mesmas palestras em que Abilio fala dos seis pilares, ele enumera também os quatro valores fundamentais da vida: humildade, garra, disciplina e equilíbrio. Pedro Paulo, com suas opções e renúncias, ficou mais próximo do que nunca do pai.

O HOMEM DO PASSO CERTO

MÁRCIO UTSCH

56 ANOS | MARATONISTA E EXECUTIVO

A MOLECADA da Escola Estadual Governador Milton Campos não se deixava vencer tão fácil. Naquele dia, havia chovido mais cedo e a quadra de futebol de salão estava um sabão. Nem por isso eles deixariam de jogar a pelada de sempre. Achavam que era só tomar um pouco mais de cuidado e tocar a bola para a frente.

Marcinho tinha 13 anos, era um dos mais fominhas e não perdia uma bola. Mas, quando foi tentar um giro, o pé direito resvalou para o lado e a perna foi abrindo, até que soou um "crac". O menino podia não saber bem ao certo o que tinha acontecido, mas desconfiava de que era grave. A perna direita ficou no formato da letra "L". O jogo parou, o professor de educação física chegou e eles foram ao pronto-socorro. Ali, Márcio urrou de dor quando colocaram a perna no lugar – o joelho tinha virado mingau, o menisco estava esmigalhado, e os ligamentos rompidos.

Seria necessária uma cirurgia, algo complexo na época. E o pior é que os Utsch se equilibravam para vencer as contas de fim do mês – o pai era um modesto produtor rural que havia se mudado da pequena Conceição da Mata Dentro, no interior de Minas Gerais, para oferecer uma melhor educação aos nove filhos em Belo Horizonte; a mãe, professora, ajudava no orçamento apertado da casa.

Naquela casa, quem tivesse idade para trabalhar precisava ajudar nas despesas. O conceito de "ter idade" era um tanto diferente do atual. Márcio, por exemplo, já tinha a sua carteira de trabalho aos doze anos. Aos treze era cobrador de ônibus da viação Estrela D'alva e fazia o turno das cinco horas da manhã às duas da tarde, com direito a almoço feito durante o trajeto. Ainda recebia um salário "de menor", como está grafado em sua primeira carteira de trabalho.

Como a família não tinha plano de saúde, o jeito era encarar as intermináveis filas do INPS (Instituto Nacional da Previdência Social). E, assim, depois daquele acidente no jogo de futebol, entre consultas, exames, retornos e promessas de uma data para a cirurgia, passaram-se cinco meses. Nesse meio tempo, o joelho estava quase do tamanho da bola de futebol de salão. Era preciso tirar com uma agulha o excesso de líquido, a dor já tinha virado rotina. O doutor Mário Chaves teve bastante trabalho para extrair os meniscos e dar um jeito no que havia sobrado do joelho.

Foram 67 dias de imobilização e, quando o gesso foi cortado, Márcio parecia um monstrinho, com uma perna de menino e outra de sabiá. Estava tudo atrofiado, dolorido, e parecia improvável que ele voltasse a andar normalmente. Mas o pior de tudo foi a frase que ficou gravada em sua memória: "Você não vai mais poder jogar bola. Nunca mais".

Na época, essa era quase uma sentença de morte para o garoto, um diagnóstico definitivo, imutável, e algo quase equivalente a jamais voltar a praticar esporte, já que futebol era sinônimo de esporte. Márcio ficou com aquilo na cabeça. Nos anos em que morou no interior mineiro, antes do acidente, ele se locomovia com facilidade. A família morava na zona rural de Conceição da Mata Dentro, a onze quilômetros até a sede do município onde ficava a Escola São Francisco. Em alguns dias da semana, o pequeno Márcio até dormia na casa da tia, na cidade, mas em vários outros ia e voltava. Assim, percorria 22 quilômetros, uma meia-maratona por dia.

Agora, Márcio estava com problemas de locomoção e a escola não parou para esperá-lo. Com a cirurgia, esperas no INPS e tempo de recuperação, ele perdeu aulas, por isso precisava correr atrás. Inclusive, estudava na cama para não perder o ano. Márcio era obsessivo com isso. Afinal, um dia queria ter um carro, ser alguém na vida. Ele se imaginava advogado, engenheiro ou em qualquer outra profissão bacana que possibilitasse uma carreira de sucesso. Para tanto, se esforçava. E sua rotina era dura. Levantava às quatro e meia da manhã para trabalhar no ônibus. Seu turno ia até às duas horas da tarde, quando voltava para casa, estudava e lia, lia muito. A aula na escola começava às sete horas da noite e terminava às dez e meia. No dia seguinte começava tudo de novo.

Mas um dia foi diferente. Uma moça entrou no seu ônibus e, na hora de pagar a passagem, se deu conta de que tinha deixado o dinheiro em casa. Diante disso, o garoto foi solícito: "Pode passar, amanhã você me paga". Talvez surpreendida pela rapidez da oferta, a moça logo perguntou se o menino não teria de prestar contas e colocar o próprio dinheiro para cobrir a passagem. Márcio respondeu que sim, mas que confiava que a moça pagaria a passagem em outro momento. E explicou que não era uma questão de ser bonzinho ou não, era apenas lógica: a mulher precisava trabalhar e já estava no ônibus, então seria mais prático deixar passar e receber depois.

Ele estava certo: a passagem foi paga no dia seguinte. A partir daí, sempre que subia no ônibus, aquela mulher conversava com o cobrador-mirim. Semanas depois, sua nova amiga, Miriam, contou que era secretária de um gerente de loja da Mesbla. E havia uma vaga para *office boy*, será que ele não se interessaria? A Mesbla era uma das principais redes de comércio do Brasil, parecia oferecer um futuro melhor do que o trabalho na viação Estrela D'alva. Márcio resolveu arriscar e foi até a loja para conversar com o chefe de sua protetora. Tomou um choque logo na chegada, porque o tal gerente era um sujeito estúpido, que fazia questão de tratar mal seus subalternos. Tinha um barrigão, o cabelo branco puxado para trás, um terno seboso e uma gravata curta que terminava acima do umbigo – um verdadeiro vilão corporativo. Era Paulo Melo o nome da figura, e Márcio não se esqueceria desse primeiro chefe, já que os seus destinos se cruzariam mais adiante.

O rapaz entrou no processo seletivo mesmo assim. Primeiro, precisava escrever uma carta justificando por que queria trabalhar na Mesbla. Também tinha que levar uma abreugrafia, além de exames de urina e fezes. Quanto à carta, o pai o ajudou. Depois, fez a tal abreugrafia para checar se não tinha tuberculose e coletou a urina. Só que, em seguida, travou: quem disse que conseguia resolver o problema do outro exame? Talvez pela tensão, teve uma inegociável prisão de ventre. Mas precisava levar tudo no dia seguinte, então não teve dúvidas: convenceu o irmão menor Dalton a colocar suas fezes em um potinho. E desse modo, com um pequeno truque, conseguiu virar um "Menino de Ouro" da Mesbla. Mais do que o emprego para ser "leva e traz", aquilo era um programa de formação de jovens. A empresa custeava material escolar e cobrava da meninada o sucesso na escola. Quem perdesse o ano espirraria também do programa.

O fato é que sua vida mudou. Para melhor, muito melhor. Ele só começava a trabalhar às oito horas da manhã, não precisava mais acordar de madrugada. Também não trabalhava aos domingos nem aos sábados à tarde. Já na hora do lanche, os "Meninos de Ouro" tinham tempo até para fazer os deveres da escola. Para um jovem que tinha como ideia fixa estudar para se tornar alguém, o novo emprego era um paraíso. E, para completar, Márcio sentia que se preocupavam com ele.

Ainda por cima, logo depois, teve uma chefe que se chamava Terezinha Ferreira Lage. Ela não se conformava em ver aquele menino tão saudável, mas tão manco. Dizia que ele devia dar um jeito naquela perna. Por isso Terezinha resolveu pagar a fisioterapia. Não era um tratamento muito moderno, pois a técnica era rudimentar – um forno, toalha quente e massagem. Mas o fisioterapeuta Luiz Carlos da Silva também o adotou na clínica, e o grandalhão ainda bancava o psicólogo: "Você vai ficar bom, esqueça essa história de futebol. É muito impacto, a gente se machuca. Mas você vai poder correr, fazer outras coisas. Deixe o tempo passar, esse estrago vai diminuir muito".

Assim, sem saber, Luizão ajudaria o menino na carreira que se iniciava. Naquele momento, Márcio estava virando auxiliar de vendas de Terezinha, e a melhora da perna aumentava a sua produtividade. Inclusive, quando faltava alguma peça na loja, o garoto ia até o estoque, que ficava a umas dez quadras de distância da loja. Márcio tinha pressa, era inquieto e a perna já não parecia um problemão. Ele começava caminhando rápido, mas de repente estava correndo. E, se os outros auxiliares levavam uma hora para fazer o serviço, em trinta minutos Márcio resolvia – fosse algo levinho, fosse o conjunto de quarenta peças de jantar da Hering, que pesava perto de vinte quilos. Diante disso, os elogios vinham automaticamente: "Mas você já voltou? Mas é muito rápido, que coisa...".

Márcio só corria. Subia e descia escadas correndo. E estava claro que eficiência, para ele, tinha a ver com velocidade. Que resolver rápido os problemas era sinônimo de eficiência. E, daquela maneira, sua carreira ia nesse *pace* acelerado. Àquela altura, ele estava preparado para assumir maiores desafios, contudo vendedores só podiam ser admitidos após os dezoito anos, por causa da responsabilidade do caixa. Mas mal completou a idade, Márcio se tornou um "vendedor Mesbla". E depois, aos 22, já era gerente de loja.

Fora dali, o rapaz corria, algo pouco comum no início dos anos 1980, e mesmo com o problema da perna direita, que, depois da cirurgia, ficou um centímetro mais curta que a esquerda. Tinham dito a ele que quanto mais normal se comportasse mais normal ficaria, por isso ele usava uma pequena palmilha no tênis, que foi sendo abandonada ao longo dos anos. E dava suas corridinhas.

Já no trabalho, não se separava de um caderninho de anotações. Tudo para acompanhar as responsabilidades, que aumentavam na mesma medida dos elogios: "Você resolve tudo rápido...". Nessa caderneta, Márcio anotava todas as tarefas do dia e, cada uma que cumpria, era riscada. Assim, passava o dia riscando. Logo, o gerente agressivo que o contratara agora era seu colega. E não por muito tempo, porque o tal Mário em pouco tempo viraria seu subordinado...

E mais: a eficiência lhe rendeu transferências e prêmios. Ele tinha sido chamado para trabalhar no Rio de Janeiro, era gerente da loja da rua do Passeio, no centro da cidade. Nessa época, se engraçou com uma representante das máquinas de escrever Remington. Mineira como ele, Sílvia era esperta e culta. Do namoro ao casamento foi tudo muito rápido, e os filhos também viriam logo, porque Márcio tinha pressa em tudo. Assim, Francisco nasceu em 1981, e a família ficaria completa dois anos mais tarde, com a chegada de Juliana. Só que, com mais despesas, era necessário aumentar as receitas, e Márcio se esforçava para isso.

Em 1982 virou o "gerente do ano", o que não era pouca coisa. Havia se destacado como o melhor gestor dentre as sessenta lojas da Mesbla, e era um dos mais jovens, com apenas 23 anos. O prêmio era uma viagem a Nova York. Só que tinha um problema: ele não sabia falar inglês. Nada. Então, encarou o problema como oportunidade. Tinha três meses até o embarque. Descolou um professor de inglês iraquiano, que ensinara soldados americanos a se virarem em árabe. No começo, Salim perguntou quantas aulas por semana o novo aluno gostaria de ter e quase caiu da cadeira quando ouviu:

"Todos os dias da semana, e três vezes por dia". Dessa maneira, Márcio fazia uma aula cedo antes do expediente, uma na hora do almoço e uma terceira depois que saía do trabalho. Não queria fazer feio diante dos chefes que também estariam na viagem aos Estados Unidos. E, assim, aprendeu a língua e ficou preparado para o que aparecesse, com exceção do café da manhã: já no primeiro dia no hotel, em Nova York, resolveu impressionar a turma e se antecipou pedindo o café. Talvez empolgado pelo farto vocabulário que Salim tinha lhe ensinado, saiu enumerando *continental breakfast, orange juice, eggs*... mas a comida que chegou era suficiente para alimentar o povo iraquiano por um mês. Os chefes nunca se esqueceriam e a piada acompanharia Márcio por muitos anos.

A trapalhada não teve maiores consequências profissionais. A carreira seguiu em velocidade acelerada, e Márcio não parava de investir em formação. Fez faculdades de Administração e de Direito, MBA na UFRJ, mestrado em Finanças na França e, enquanto isso, se descuidou da forma. Na ampulheta do tempo, faltou areia para os exercícios. Assim, logo ele estava ganhando peso e barriga. Até porque comia de tudo, absolutamente tudo. E muito: feijoada, farofa, buchada de bode, o que aparecesse na frente – exceto pimentão e pepino.

Naquela altura, estava com 27 anos e marcou uma consulta com o doutor Eduardo na rua Almirante Barroso, no centro do Rio de Janeiro. Ali, tomou uma escovada daquelas: "Você não tem horário para nada, não respeita os limites do corpo. Mas fique tranquilo. Você vai morrer rápido. Ou você muda agora ou outro médico vai assinar o seu atestado de óbito porque eu não quero assinar".

O tratamento de choque funcionou. Estudante de Direito na época, Márcio recorreu ao jargão jurídico para pedir clemência: "E tem recurso para mim, doutor?". Tinha, só que daria trabalho. Ele teria que entrar em uma dieta rigorosa e reincorporar os exercícios físicos, que tinham desaparecido da rotina nos últimos anos. Diante disso, o médico deixou claro que era necessária muita disciplina e duvidou de que o paciente fosse seguir a prescrição. Mas o doutor Eduardo não sabia com quem estava lidando, porque Márcio queria resolver tudo, e rápido, como sempre. Assim, enquanto começava a dieta, tratou de se mudar. Decidiu até trocar de casa em nome da nova vida saudável que queria iniciar. Deixou o apartamento de Botafogo por outro em Laranjeiras, perto da estação de metrô do Largo do Machado. Assim, antes de trabalhar, pegaria o trem até o Aterro do Flamengo e correria uma hora. Todos os dias. Levantava às cinco horas da manhã e resolvia tudo nas primeiras horas. Assim perdeu quinze quilos. E nunca mais deixaria de correr.

Os treinos diários e a melhora do condicionamento físico o empurraram para as primeiras provas. Os dez quilômetros, a meia-maratona, os amigos falavam na tal da maratona. Conseguiria correr 42 quilômetros? Márcio nem pensou muito no assunto, apenas se deixou levar. Com a turma da Mesbla, partiu para Buenos Aires. E cansou demais da conta. Não registrou o tempo que levou para completar a prova, mas sabe que foi algo entre 4h30 e 5h, intercalando trotes e caminhadas. As recordações são difusas, mas duas palavras saltam na memória quando pensa na primeira maratona: exaustão e realização – foi um grande desafio e uma imensa alegria ter completado a prova; de certa forma, a síntese de sua vida, desde o tempo de cobrador-mirim em Belo Horizonte.

Na Mesbla, seguia como um "resolvedor" de problemas. A loja de Goiânia precisava entrar nos eixos? Era para lá que Márcio era destacado. A loja de São Paulo não estava "performando"? Pronto, lá ia Márcio para dar um novo gás. Assim foi subindo, ganhando novas funções, até se tornar superintendente.

No entanto, o mercado estava ficando mais complicado e a concorrência aumentava. A Mesbla ainda se segurava, em 1986 chegou a ser a escolhida pela revista *Exame* como a melhor empresa do Brasil. Só que Márcio já começava a flertar com uma carreira solo. Tinha acumulado uma larga experiência em comércio, varejo, estoque, finanças e administração de pessoas. E só tinha trinta anos. Então, era hora de partir. A decisão acabou se revelando sábia: a Mesbla passou a se atrapalhar com excesso de mercadorias no estoque, se endividou e entrou em colapso. Nos primeiros anos de Plano Real, acumulou pesados prejuízos e, em 1997, pediu concordata.

Depois, em uma viagem com a mulher para Londres, esbarrou em uma oportunidade. Estavam passeando quando viram, em uma vitrine, algo curioso: um sapato de criança dentro de uma enorme caixa. Aquilo não fazia sentido, parecia desperdício, então Márcio resolveu entender melhor o produto. Dentro da caixa, além do sapatinho, havia um manual e várias palmilhas. Assim, conforme o crescimento da criança e o jeito da pisada, as palmilhas iam sendo usadas. Márcio comprou a caixa, desenvolveu protótipos e testou em algumas lojas especializadas no Brasil. Teve uma ótima aceitação; valia a pena enfiar os pés nisso.

Foi dessa forma que criou a marca Andar Perfeito e montou uma fábrica em Campo Grande, na zona oeste do Rio de Janeiro, e outra em Contagem, na Grande Belo Horizonte. Dos sapatinhos, partiu para bolsas e mochilas, e logo tinha uma linha completa de produtos. O problema era o deslocamento: Márcio era apaixonado por motocicletas, por motos grandes, e era voando em duas rodas que se deslocava entre as duas fábricas. Os 410 quilômetros entre Contagem, na Grande Belo Horizonte, e Rio de Janeiro eram feitos em menos tempo do que o razoável. E sua velocidade costumeira na tomada de decisões também aparecia na estrada. Assim, Márcio tinha mais sorte do que juízo, e não sofreu nenhum acidente, nenhuma queda nessas viagens todas.

Só que foi perto da nova casa, no Leblon, que a brincadeira da moto perdeu a graça. Tinha chuviscado, então outra vez uma superfície molhada entrava para pontuar seu destino. Naquele dia, Márcio vinha rápido em sua Honda CBR 550 e demorou para perceber um ônibus parado. No susto, enfiou a mão no freio. Assim, a moto saiu de lado e foi escorregando, só parou no diferencial do ônibus. Márcio ficou com a cabeça sangrando, algumas escoriações e uma bela perfuração na canela direita. Apesar da gravidade do acidente, seguiu com a sorte jogando a seu favor: foi levado ao hospital Miguel Couto e teve alta no mesmo dia. No fim, nem se preocupou em resgatar a moto, pois o motociclista estava se aposentando. Ele entendeu o aviso e foi a última vez que andou de moto na vida.

A partir daí, as viagens para Contagem ficaram lentas, extremamente lentas para o padrão de Márcio. Sem a moto, ficava encaixotado de carro nos congestionamentos da Baixada Fluminense. E o trânsito era infernal. Em uma sexta-feira de tráfego mais pesado, Sílvia brincou no carro: "A gente bem que podia ter um avião, assim não passaríamos por isso". Diante disso, Márcio entrou no clima, disse que seria necessário ter um piloto e que tudo seria caríssimo. Mas Sílvia retrucou: "E se nós mesmos pilotássemos o avião?".

O que poderia ser uma conversa boba para passar o tempo se transformou em algo sério. Na semana seguinte, Sílvia se informou e descobriu que no aeroclube de Jacarepaguá existia um curso de pilotagem. Ela estudava Arquitetura, anos depois teria um escritório, mas a história de voar a atraía. Inscreveu-se no curso para pilotar aviões pequenos e tomou gosto pela coisa: fez seus primeiros voos, seguiu estudando até conseguir uma carteira de PLA (Piloto de Linhas Aéreas). Aquilo era como se alguém que não soubesse dirigir, em pouco tempo, estivesse autorizado a transportar cargas em uma enorme carreta.

E mais: no caso de Sílvia, a carreta andava muito – voava rápido, na verdade. Logo, ela passou a voar em jatos e se tornou uma piloto *freelancer* de empresas de táxi-aéreo. Em pouco tempo, ela fazia voos no moderno Citation para o Nordeste e adorava seu ofício.

E Márcio tinha muito orgulho da mulher-piloto, mas esse orgulho sumia nos dias de tempo ruim. Virava preocupação pura. Na época, ela também se tornou instrutora de voos, e foi nessa condição que passou pelo maior aperto no céu. Na verdade, não ela, mas um aluno: ele fazia seu primeiro voo solo quando simplesmente travou. Pelo rádio, comunicou que não conseguia descer, que precisava de ajuda. Diante daquilo, Sílvia saiu correndo até a pista, pegou um avião do aeroclube e foi atrás do aluno. Pelo rádio, pediu que a seguisse, que fizesse exatamente os mesmos movimentos e a mesma trajetória. Como a pista de Jacarepaguá não era longa, naquelas condições de pavor do iniciante seria mais seguro aterrissar noutro lugar maior. Assim, pediu autorização para a torre do Santos Dumont e os dois pousaram sem maiores problemas. Quando desceram, fizeram uma festa.

No entanto, aos poucos, Sílvia foi deixando a aviação em segundo plano para se dedicar mais à arquitetura e aos filhos. Já Márcio seguia o seu caminho na Andar Perfeito, até que apareceu uma boa proposta para ser diretor na Gradiente. Então, já trabalhando na empresa, rodou o Brasil inteiro para lançar o videogame Nintendo em parceria com a fábrica de brinquedos Estrela. E, no fim, conseguia se revezar bem administrando a Andar Perfeito e tocando a Gradiente, até que apareceu uma oportunidade maior em um setor que começava a crescer e o interessava particularmente.

O mercado esportivo brasileiro vivia tempos animados. Duas grandes marcas internacionais disputavam a liderança de vendas no Brasil, a alemã Adidas e a americana Nike. Só que, em 1995, a empresa sediada em Portland, no noroeste americano, decidiu investir de verdade no futebol. Assim, deu um tranco na Umbro, que vestia a Seleção Brasileira tetracampeã do mundo – a Nike assinou um longo contrato com a Confederação Brasileira de Futebol (CBF) e passou a ser "dona" do time do Brasil.

Na época, a operação brasileira da Nike era de responsabilidade da Alpargatas, empresa que já tinha outras marcas de calçados, como Rainha, Topper e Havaianas. Só que, no meio do caminho, os americanos deram também um "chega pra lá" na Alpargatas e montaram a sua operação própria. Parecia ser o início do fim da Alpargatas, porque, sem a Nike, o seu faturamento minguou. Além disso, as Havaianas ainda eram apenas chinelos de dedo, e a empresa acumulava prejuízos. Naquele contexto, a administração foi trocada, e quem assumiu foi um executivo chamado Fernando Tigre, conhecido no mercado por tirar empresas do buraco.

Fernando Tigre estava montando o novo time quando um amigo falou de Márcio, era o executivo Eduardo Lara, amigo de ambos. Ele sabia que o estilo acelerado e prático da dupla só poderia dar em boa parceria. Dito e feito: Tigre estava em São Paulo e combinou por telefone de se encontrar com Márcio no saguão do aeroporto Santos Dumont. Só tinham se falado dessa vez, e um não sabia como era a cara do outro. Só que isso não foi um problema: bastou desembarcar e Tigre partiu na direção de Márcio. "Fernando Tigre?", perguntou Márcio quando o executivo chegou.

Os dois confiavam tanto na própria intuição que tinham marcado um encontro sem se conhecer. E dali foram jantar no Iate Clube de Botafogo. Sentiram empatia já na primeira conversa. Pensavam parecido e sabiam que precisavam agir rápido. Tigre não tinha ideia de que áreas continuariam na empresa, que negócios mereciam atenção especial. Assim, Márcio se tornaria o braço direito do presidente na Alpargatas.

Sílvia não acreditou que Márcio teria paciência para trabalhar em uma empresa problemática, precisando encolher para sobreviver. Aquela não era a sua cara, porque Márcio gostava de desenvolver produtos, treinar pessoas, vender. Por isso a família seguia no Rio de Janeiro, em um apartamento na Barra da Tijuca, enquanto Márcio ia para São Paulo no primeiro voo de segunda-feira e voltava ao fim da tarde de sexta-feira. E os primeiros anos foram duríssimos: a empresa tinha problemas sérios de caixa, Márcio atendia os principais clientes, cuidava do varejo, negociava com os sócios e ainda geriu por algum tempo a marca Timberland – fazia um pouco de tudo.

A empresa respirou um pouco, só que ainda seguia com o caixa apertado. Assim, o presidente que o chamou também tinha prazo de validade. Por contrato, ficaria até 2002, então Fernando Tigre se aposentaria sem que o processo de reestruturação da Alpargatas estivesse consolidado. Naquele contexto, Márcio era uma das alternativas para assumir a posição de CEO, mas existiam na diretoria dois outros candidatos – sem falar da possibilidade de contratação de um executivo de fora. Para piorar, o processo de escolha demorou demais, porque Tigre iria apontar o seu sucessor, mas os acionistas da Alpargatas chamaram a consultoria Egon Zehnder para ajudar. O clima nos corredores da diretoria azedou: a indefinição trazia insegurança e desconforto para todos os envolvidos. Depois, já tinham se passado uns sete meses de conversas e nada.

Então, Márcio se cansou daquilo tudo e pediu para sair. Na realidade, tinha três boas propostas externas e podia se dar ao luxo de cansar. Contudo, foi convencido pelo diretor de recursos humanos de que era um dos favoritos, que devia ter mais paciência. Márcio pensou melhor e mudou mesmo de ideia. Já não queria mais ir embora, agora estava convicto de que seria o CEO e trabalharia forte para isso. Assim, avisou o amigo Fernando de que sumiria da Alpargatas por uns dez dias, pois iria para casa pensar – na verdade, pensar e trabalhar.

Dessa maneira, Márcio juntou toda a sua experiência de vida (e principalmente de Alpargatas) e montou um plano estratégico para os próximos anos, com especial atenção ao curtíssimo prazo. A empresa ainda sangrava e corria riscos sérios. Na época, estavam na era pré-PowerPoint, e as apresentações eram feitas para retroprojetores. Assim, Márcio se armou de lâminas de acetato, pincel atômico vermelho e não parou de rabiscar. Sua primeira versão tinha umas quinhentas páginas, mas o resumo ficou com quarenta lâminas, e o sumário executivo, com três. Pronto: agora ele tinha o que dizer. Então esperou ser chamado no escritório da Egon Zehnder no edifício Dacon, na zona sul de São Paulo, porque era a sua vez de passar pelo paredão.

Chegou à entrevista com o material preparado na pasta. Ali, escutou todas as perguntas, respondeu às questões de praxe sobre os seus projetos para os próximos anos, as três coisas de que mais gostou na vida, essas coisas. O consultor perguntou, então, se ele havia gostado da entrevista. E ele respondeu: "Não. Essa é uma entrevista hipotética, feita sob suposições. Para ser meu chefe, o sujeito não pode ser bom nas hipóteses. Se for eu, não adianta ter me saído bem em uma situação que não é real". Os consultores, claro, acharam a postura do candidato petulante. Márcio seguiu em frente e se arriscou em um rasante metafórico.

Depois, evocou o exemplo do piloto que sai de um porta-avião, bombardeia o alvo e consegue voltar são e salvo. E ainda falou do comandante de um 747 de trezentas toneladas que sai de São Paulo com cem toneladas de combustível e entrega centenas de passageiros em Paris com segurança e conforto. Quem é o melhor piloto? Antes que o consultor arriscasse a resposta, Márcio se antecipou: "Tanto faz. Depende do que você precisa naquela hora. A Alpargatas agora precisa de um piloto de caça. A empresa está quebrando. Vocês não me perguntaram do que a Alpargatas precisa. Eu sei quais as áreas em que ela está debilitada, sei em que ela é dominante. Mas é necessário um plano. E o plano está aqui. Vocês querem ver?"

Assim, a entrevista, que deveria acontecer entre quatro e seis da tarde, terminou depois das dez horas da noite. Apenas no dia seguinte, Márcio conseguiu resgatar o carro que ficara na garagem fechada do edifício Dacon. Só aí Márcio contou a história para o amigo e presidente da empresa. Tigre não entendeu por que ele não havia mostrado antes o seu plano, mas a explicação foi convincente. Se mostrasse primeiro a Tigre, viriam sugestões, ideias e não seria legítima a "candidatura" ao cargo maior da empresa.

Assim, no sumário executivo, estavam listadas catorze ações, mas um pensamento resumia quase tudo: a Alpargatas deveria ser uma empresa global de marcas desejadas em calçados, vestuário e acessórios. Só que para cada palavrinha havia um detalhamento. "Global", por exemplo, era só o quarto estágio da evolução. Antes de pensar nisso, era necessário se tornar líder local, ter uma base forte no próprio país. Apenas com a liderança local seria possível se tornar um exportador. E a própria exposição aos concorrentes internacionais testaria preço, marketing e qualidade. Se passasse pelo teste da exportação, viraria uma empresa internacional. E só aí, com sedes fora do Brasil, executivos de outros lugares, daria para postular o quarto estágio, que seria virar, de verdade, uma "empresa global". O conceito estava posto – e os anos seguintes mostrariam, com o sucesso internacional das Havaianas, que Márcio sabia do que estava falando...

Márcio Utsch foi empossado CEO da Alpargatas em 2003. Pegou a empresa abaixo do primeiro estágio, nem líder local era. No mercado de calçados, era a quarta do ranking, atrás da Vulcabrás, Azaleia e Grendene. Hoje, a Alpargatas é líder com o dobro do faturamento da segunda colocada. Mas isso teve muito a ver com duas marcas: Havaianas e Mizuno.

Então era preciso virar o jogo, e a corrida era parceira nisso. Desde o tempo em que tinha perdido quinze quilos e entrado na linha, Márcio mantinha a rotina diária de treinos, fizesse sol ou chuva. Se tinha reunião mais cedo, ele acordava ainda mais cedo para treinar. E já que morava ao lado do Parque Ibirapuera, bastava calçar os tênis, evidentemente Mizuno. Não havia muita variação em sua planilha: ele corria uma hora para completar algo entre onze e treze quilômetros. Era uma horinha que o auxiliaria no resto do dia. Além disso, como católico, aproveitava os primeiros minutos do treino para rezar. De certa forma, o aquecimento era com Deus. Mas logo voltava ao mundo terreno.

Era ali que ele resolvia problemas, tinha ideias, pensava nos argumentos que usaria nas reuniões, tudo isso correndo. Depois, chegava apressado em casa e corria atrás de um bloquinho para não se esquecer de tudo o que havia pensado. A mulher percebeu e deu a ele um pequeno gravador Panasonic para usar nos treinos. Só que, apesar de pequeno, ainda era um trambolhinho no bolso. Assim, em uma viagem, Márcio achou, no *free shop*, uma canetinha com gravador embutido, algo muito menor e mais leve. O único problema é que, se as ideias não se perdiam por causa da canetinha, de vez em quando era a própria canetinha que ficava perdida em algum canto da casa. Várias vezes a secretária da Alpargatas precisava mandar buscar a bendita canetinha. E as boas ideias do dia estavam gravadas na engenhoca.

Ao longo dos anos, Márcio foi passeando também pelas maratonas. E o verbo correto é esse mesmo, "passear". Porque, depois da primeira experiência em Buenos Aires, a distância já não assustava mais. A chegada ficava longe da largada, muito longe, e ele sabia disso. Mas era a experiência do grande evento que o fascinava, aqueles milhares de pessoas correndo e outras tantas torcendo. Assim, sem qualquer preocupação com a performance e com os tempos finais, ele se inscrevia nas provas. Desse modo, correu São Paulo, foi para Paris, Amsterdã e Nova York. Já de São Paulo, a lembrança mais viva nem é da prova em si, mas das brincadeiras com a turma que assistia. E os pontos marcantes na maratona de Nova York? Central Park, ruas do Brooklin? Nada disso. Hoje, lembra mais da saborosa pasta que comeu no Cipriani do Soho com a mulher depois da prova. A maratona de Paris vive na memória mais pelo reencontro com amigos franceses que havia feito no tempo em que estudou por lá – a prova foi ótima, mas a conversa com os amigos foi melhor. Assim, a maratona nunca foi um fim em si nem uma neura. Era apenas uma motivação a mais para treinar e depois para se divertir nas viagens. Os tempos das corridas ficavam sempre na faixa de quatro a cinco horas. Bem mais importante do que o desempenho esportivo era viajar, se divertir... e observar.

A cada viagem para correr uma maratona ficava evidente para Márcio que a Alpargatas não era uma companhia internacional, que seus produtos não eram realmente competitivos fora do Brasil. Só que era preciso mudar esse jogo. E o produto escolhido seriam as Havaianas, que surgiram em 1966 como o verdadeiro calçado brasileiro. O slogan "não deforma, não tem cheiro, não solta as tiras" grudou nas mentes como refrão de Carnaval. Em 2003, a venda dos seis modelos existentes já era respeitável, algo como 90 milhões de pares. Mas elas estavam mais para chinelo do que para calçado fashion. Até existia alguma exportação, mas em volumes ridículos.

Naquela época, quando era perguntado sobre números, Márcio desconversava, dizia que eram "informações confidenciais". Mas era vergonha mesmo. É verdade que já em 1998, com as Havaianas Brasil (eram Havaianas Copa, mas o fiasco diante da França de Zidane no Stade de France forçou o rebatismo), a marca começou a se reposicionar. As cores diferentes foram o embrião do novo posicionamento da marca. Mas foi em 2005, com os modelos Slim, que a marca cresceu e conquistou o mercado internacional. E o irônico é que tudo nasceu de um erro. Naquele momento, a Alpargatas tentava fazer uma sandália rasteirinha, só que a tira não cresceu no molde, ficou parecendo mais um macarrão de hospital. Opa, mas será que isso não dava produto? E deu: as Havaianas Slim ficaram diferentes, com um ar feminino, e não pararam de vender. Explodiram na Europa e se tornaram um dos maiores sucessos da marca em todos os tempos.

O reconhecimento do trabalho virou capa de revista. Em 2007, a revista *Exame* escolheu a Alpargatas como a empresa do ano em sua edição Maiores & Melhores. E Márcio posou alinhadíssimo para o fotógrafo grandalhão Germano Luders, com um terno preto e uma gravata vermelha. O elegante retrato só tinha um detalhe que destoava do figurino corporativo: o presidente da Alpargatas calçava Havaianas vermelhas na foto. Desse modo, a marca seguiu forte e rentável nos anos seguintes. Enquanto isso, a Mizuno também crescia e se consolidava como "a marca da corrida". E o Brasil se tornou um ponto fora da curva no cenário internacional do *running*, porque nos Estados Unidos e no resto do planeta a Mizuno brigava pelo segundo pelotão em vendas; outras marcas, como Asics, Brooks, New Balance e Nike, lideram os principais mercados, e a Mizuno aparece sempre mais para trás. Mas não no Brasil: aqui, a Mizuno domina, junto com a Asics, os corações, mentes e pés dos corredores brasileiros. Com distribuição eficiente e comunicação convincente, a Mizuno conseguiu assumir a liderança de mercado deixando claro aos consumidores que tinha a melhor tecnologia. E vale dizer que é sempre uma vitória de gestão quando a filial consegue provar à matriz que está conseguindo um desempenho muito acima da média.

Entretanto, o grande momento profissional de Márcio sofreu um abalo em 2012. Naquele momento, Sílvia, sua esposa, descobriu um câncer no útero que se espalhou rapidamente pelo corpo. Assim, a perda da mulher e companheira de tantas aventuras derrubou o executivo que não se abalava com nada. Márcio entrou em depressão e chorou diariamente pelos seis meses seguintes. Pela primeira vez desde que tinha entrado em forma, nos anos 1980, parou de correr. Procurou ajuda profissional, e o psicólogo tentava mostrar que só ele poderia sair do buraco, mas precisava fazer essa escolha.

Em uma das sessões, o terapeuta perguntou a Márcio como ele gostaria que fosse a sua morte. O executivo não admitia sequer pensar no assunto. Nas sessões seguintes, o psicólogo insistiu na pergunta, sempre sem resposta. Até que escreveu algo num pedaço de papel e entregou a Márcio, dizendo: “Guarde isso, traga sempre aqui no consultório, mas não abra”. Assim, as sessões foram se sucedendo, até que Márcio resolveu responder à cansativa pergunta: “Está certo, vou dizer como eu quero morrer. Quando eu tiver uns cem anos, com um tiro certeiro nas costas, disparado por um marido traído”, ironizou.

Nesse momento, o psicólogo disse que Márcio poderia ler o que o terapeuta havia escrito meses antes. Márcio tirou o papel todo dobradinho da carteira e leu: "Quando você fizer graça com a razão que o trouxe aqui é porque estará preparado para não mais voltar". Emocionado, Márcio releu o que estava escrito e, sem dizer nada, se levantou, pagou as sessões que restavam e não voltou mais ao consultório no bairro do Brooklin. Hoje é mais fácil encontrá-lo nas primeiras horas da manhã, no Parque Ibirapuera, trotando e conversando animadamente com um gravador.

BIONIC

UM HOMEM DE AÇÃO

FERNANDO NABUCO

71 ANOS | MARATONISTA E EMPRESÁRIO

FALTAVAM duas semanas para o grande dia, e Fernando Nabuco de Abreu conhecia bem aquela atmosfera. Como remador, já tinha representado o Brasil nos Jogos Olímpicos de Amsterdã, em 1928, e de Los Angeles, em 1932. Mas aquelas Olimpíadas eram de Roma, e o atleta não era ele, mas seu filho, o nadador Fernando Luís Nabuco, que tentaria um lugar na final dos cem metros e do revezamento 4 x 100 metros. Além disso, nem pelos na cara o garoto tinha: com apenas dezesseis anos, era um dos mais jovens das Olimpíadas.

Naquele momento, a delegação brasileira contava com oitenta homens, apenas uma mulher e nenhuma estrutura. Era cada um por si, com exceção de alguns esportes mais organizados, como o basquete. Ou seja, cada atleta deveria cuidar de sua alimentação e sua preparação. Assim, o pai de Nabuco, na Itália, fazia o papel de "mãe de miss" e tentava cercar o filho de cuidados. Descolado, conseguiu, inclusive, que Fernandinho treinasse com o time australiano da natação.

O tal técnico aceitou o pedido de dar dicas ao garoto. Mas, antes, queria ter uma noção do nível de condicionamento do brasileirinho. No primeiro dia, tirou a prova: "Vamos lá, aquecimento de quatrocentos metros e cinquenta tiros de cinquenta". O menino não costumava treinar nem perto disso no aristocrático Clube Paulistano, em São Paulo. Então fez o primeiro tiro em 27 segundos. No entanto, depois, o garoto ficou esgotado no intervalo para o oitavo tiro. Com uma dor no fígado, se segurou na borda da piscina e balbuciou ao pai em português: "Não aguento mais". Já Talbot, o técnico, sem entender, perguntou o significado da frase. E, ao ouvir a tradução do pai, deu três passos em direção à piscina e pisou na mão do garoto que segurava a borda, dizendo: "Go!".

Dessa maneira, os cinquenta tiros foram completados integralmente, o último em arrastados 48 segundos. Depois, ao voltar para o hotel, Fernandinho caiu na cama e dormiu um dia inteiro. Mas o diagnóstico do treinador australiano veio seco, sem meias palavras: "Seu filho está muito mal treinado, não vai à parte alguma".

Ali mesmo, o pai de Nabuco combinou com o técnico uma orientação à distância. O homem faria uma planilha básica para o ano inteiro e, por carta, eles se comunicariam quando necessário. Em troca, o técnico pediu uma pedra brasileira, uma água-marinha – que valia algo em torno de dez mil dólares –, que o pai enviaria quando voltasse ao Brasil.

O resultado nas Olimpíadas não surpreendeu: Fernandinho não passou nas eliminatórias. Era jovem demais, todos sabiam, por isso aqueles jogos deveriam ser um ganho de experiência para as Olimpíadas de Tóquio em 1964, quando teria vinte anos. Mas o que ninguém sabia é o quão mal treinado ele estava. No ano seguinte isso ficaria ainda mais evidente.

Ao retornar a São Paulo com a planilha debaixo do braço, a rotina mudou. Mudou muito. Antes ele treinava uma média diária de dois quilômetros por dia. Mas Talbot prescrevia doze quilômetros, seis pela manhã e os outros seis à tarde. E mais do que isso: a qualidade dos treinos foi turbinada. Já nessa época, o rapaz tinha o terceiro tempo do mundo no revezamento 4 x 100, então Tóquio prometia, não chegaria apenas à final, parecia ter chances reais de brigar por uma medalha.

A entrada na vida adulta, porém, afogaria o projeto. Seu pai imaginava ver no filho a medalha olímpica que ele mesmo não havia colocado em seu peito como remador, por isso arrumou vaga para ele na Universidade de Indiana, um dos melhores centros de natação dos Estados Unidos. Seria perfeito, se Fernandinho não tivesse outros planos...

Acontece que ele estava apaixonado por uma jogadora de vôlei dois anos mais velha. E Silvana não só era bonita e elegante como ainda jogava um bolão. Aliás, com ela no time, o Clube Paulistano foi campeão brasileiro. Nabuco não queria mesmo sair de São Paulo. Só que a recusa ao convite para estudar (e treinar, o principal) nos Estados Unidos azedou a relação com o pai. E, de certa maneira, sepultou a carreira de nadador olímpico.

Assim, Fernando aproveitou para treinar menos. Ele já estava começando a trabalhar, procurava a sua independência e conseguiu um emprego justamente em uma empresa de crédito chamada Independência. Nessa financeira, que era de uma tia, ele fazia de tudo e aprendia os fundamentos do mercado de capitais. Também trabalhava o dia todo.

Quando entrou no time de polo aquático do Paulistano, logo se destacou. Ninguém nadava tão rápido quanto ele, ninguém carregava a bola para o ataque com tanta velocidade quanto ele. E o time, que já era bom, ficou melhor. O Paulistano chegou até a vencer o Campeonato Sul-Americano. Mas, para Fernando, perto da natação competitiva, o polo era quase uma brincadeira: o esforço era menor, e a turma, divertida – tinha viagens, campeonatos, e só aí percebeu o quão chato era o treinamento solitário de um nadador.

Também era tempo de sair de casa. O rapaz não queria ser como o pai, um grande esportista, mas sem história profissional. Além disso, seu pai era um playboy carioca que se casou oito vezes até se estabelecer em São Paulo. Conheceu e se casou com Ana Helena Amaral, filha de uma família quatrocentona paulistana, que era dona de fazendas e de boa parte do bairro da Mooca. Assim, o genro se encostou na fortuna do sogro e por ali ficou. O pai de Nabuco era, sim, um exemplo esportivo, mas não um modelo de vida. Fernando queria fazer carreira solo sem precisar ficar na aba da rica família Amaral.

A parte boa é que o rapaz subiu rápido na Independência. Interessado e proativo, foi recebendo novas responsabilidades. Ele queria crescer profissionalmente e tinha pressa. Assim, foi conhecendo cada área da corretora e passou a entender diversas funções. Não demorou para se tornar um assessor da diretoria. Depois, ainda casou com a namorada Silvana. Desse modo, estava ganhando dinheiro e conquistando a sua "independência".

Tanto que se deu ao luxo de arriscar o pescoço em um esporte caro e perigoso. Montou uma completíssima oficina na casa em que morava na Cidade Ademar, zona sul de São Paulo, e passou a investir em rápidas lanchas. A concorrência era quase desleal. O empresário Abilio Diniz era campeão brasileiro de motonáutica e não economizava nos brinquedinhos, então Nabuco não queria ficar para trás. Não tinha medo de entrar em algo novo e, quando começava, o objetivo único era a vitória, não queria nada além do topo do pódio.

E, assim, Nabuco e Abilio se revezavam nas conquistas. A rivalidade, porém, só ficava na água. Como amigos, viajavam juntos aos Estados Unidos com as mulheres na busca de motores mais potentes. As lanchas voavam – sem força de expressão –, porque o piloto se enfiava no *cockpit* e acelerava até atingir uns duzentos quilômetros por hora. Com uma rajada de vento na traseira, bastava uma ondulação maior na água e o estrago estava feito: a lancha decolava e a aterrissagem geralmente não era suave.

Uma vez, em uma corrida em 1967 na represa de Guarapiranga, a lancha de Nabuco perdeu o contato com a água e subiu dando uma pirueta no ar. Caiu emborcada para baixo. E Silvana, grávida do segundo filho, assistiu a tudo da margem em pânico. Em seguida, um bom tempo se passou até que o marido conseguisse se desvencilhar do cinto de segurança e usasse sua destreza da natação para se livrar do aperto. Provavelmente tudo não levou mais do que um minuto, mas, para Silvana, foi uma eternidade. No fim, Nabuco saiu sem arranhões, mas o casal perderia o bebê cinco dias depois. Os médicos entenderam que o estresse do acidente havia desencadeado o aborto.

Os filhos ajudaram a superar a dor. Sílvia havia nascido em 1966 e Fernando Nabuco Filho (o terceiro Fernando do clã) nasceria dois anos depois. A motonáutica também já estava ficando bem menos divertida. Em 1968, Nabuco partiu para uma corrida especialíssima nos Estados Unidos, um sonho para todo mundo que corria com lanchas. A prova de Galveston, no Texas, era para a motonáutica o que as 500 Milhas de Indianápolis representavam para o automobilismo – uma festa, uma premiação generosa, em que cada volta liderada valia quinhentos dólares. A prova era feita em dupla, por isso Nabuco convidou o irmão Roberto para a empreitada.

Lá, compraram um barco de setecentos cavalos para a corrida. Só que deu tudo errado: o motor quebrou e os irmãos tiveram que assistir ao resto da prova na praia. Depois, a chateação da quebra foi substituída pelo pavor. Um competidor decolou e a lancha se desmanchou ao bater na água. O piloto foi levado para a praia e o atendimento aconteceu na frente dos brasileiros. O médico chegou a fazer uma incisão no peito para massagear diretamente o coração com as mãos, mas sem sucesso. Naquele momento, ficou claro que o esporte não fazia mais sentido. E o tal barco, que tinha sido batizado com o nome da filha, Sílvia, nem conheceu o Brasil, Nabuco o colocou para vender ali mesmo, no Texas. Precisava de uma nova adrenalina, e por que não na água?

Nabuco lembrou-se, então, de que no início dos anos 1960 havia velejado com um tio. Não levou adiante o esporte na época porque andava ocupado demais com a natação. Mas conhecia uma turma que entendia de velas e a sua Federação de Motonáutica, na realidade, era a Federação de Vela e Motor, com iatismo incluído. Tomou umas aulas básicas e foi logo para o Iate Clube com o talão de cheque no bolso. E já com disposição de brincar para valer: comprou um barco grande de 46 pés, o Siroco.

No início, o plano era participar de grandes regatas, como a Santos-Rio, que tinha duzentas milhas náuticas. Mas a estreia não foi precisamente um arraso. Nabuco recrutou a tripulação entre os amigos, só faltavam os navegadores, personagens fundamentais em um tempo que não havia equipamentos como o GPS. A turma da federação enviou dois navegadores, que enjoaram já nas primeiras horas. Assim, não houve jeito de se recuperarem, eles ficaram prostrados e em nada ajudaram. Desse modo, meio no olho, meio sem rumo, o Siroco chegou ao Rio de Janeiro muito atrás dos líderes. Os navegadores chegaram pior: além do embrulho no estômago, estavam torrados do sol, já que faltou ânimo até para se abrigarem na cabine fechada.

Já na virada dos anos 1970, os ventos econômicos também sopravam forte. As bolsas subiam e Nabuco entendia cada vez mais do mercado de capitais. Logo apareceu um convite e ele trocou a Independência pela corretora de um amigo. Em seguida, surgiu uma oportunidade de ouro para ser sócio da corretora Didier Netto-Corrêa, que depois se transformaria em Baluarte, uma das principais do Brasil. Vendeu a casa que ganhara da mãe quando casou, no bairro do Butantã, e comprou 5% da corretora, uma sábia decisão.

Naquele momento, o Brasil experimentava o *boom* das bolsas e as ações subiam a uma velocidade alucinante. Todo mundo ganhava dinheiro, o problema era que a valorização não encontrava paralelo na economia real. Mas Nabuco tinha um bom amigo no banco Bozano Simonsen, do empresário Júlio Bozano e de Mário Henrique Simonsen, um economista brilhante que mais tarde se tornaria ministro da Fazenda.

O time do Bozano já se destacava por enxergar um pouco além do horizonte. Moisés Glatt era professor da Fundação Getulio Vargas e havia estudado o mercado acionário em outros países. Ele veio representar o banco em São Paulo e passou a conversar e aconselhar Nabuco: "Se isso da bolsa fosse verdadeiro, Fernando, as pessoas nem deveriam sair de casa para trabalhar. Bastaria ficar em casa esperando os dividendos das ações. Cuidado..."

O alerta tinha sentido. Era maio de 1971 e Nabuco resolveu avisar os seus sócios da Baluarte que seguiam enriquecendo no oba-oba acionário. Mas eles deram de ombros, achavam que não deviam mexer em um time que estava ganhando. Nabuco resolveu se desfazer de todas as ações que tinha para comprar algo no "mundo real". Trocou as ações por grandes lotes de terra, fez as malas e resolveu passar uma temporada na Europa com muito dinheiro no bolso. Pouco tempo depois, em junho, as bolsas quebraram. De repente, todos perceberam que os papéis supervalorizados não tinham qualquer correspondência com o valor efetivo das empresas. Num efeito manada, todos se apavoraram e tentaram vender as ações ao mesmo tempo. Só que não havia quem comprasse, só existiam vendedores, então as cotações foram ao chão. O rastro de destruição foi enorme e 44 corretoras quebraram – a Baluarte seria a próxima. Assim, Nabuco penhorou um dos enormes terrenos que tinha comprado e cobriu o buraco da Baluarte. De quebra, se tornou dono de 100% da corretora.

A outra parte do que havia guardado antes da quebra das bolsas virou diversão. Tinha aprendido a importância de ter um bom barco para se sair melhor nas competições de vela. Em uma regata de Nova York até Bermudas, tinha navegado com um barco de 43 pés quando enfrentou condições terríveis de vento. Estava a apenas dezoito quilômetros da chegada e levou mais de um dia para vencer a distância porque as ondas o afastavam. Encomendou a um renomado projetista argentino de barcos, German Frers, um veleiro de 53 pés que "dominasse o mar" – afinal, não queria nunca mais ser dominado pelas águas.

O projeto foi levado, em seguida, a um dos maiores estaleiros de alumínio do mundo em Palmer Johnson, nos Estados Unidos. E, no fim, o veleiro Wa Wa Too ("Só você" no idioma suaíli africano) ficou bom e virou uma lenda náutica. Com ele, já em 1976, Nabuco venceu a regata Santos-Rio de Janeiro. Depois levou duas Buenos Aires-Rio de Janeiro, e ganhou várias outras regatas mundo afora. O Wa Wa Too aparecia em revistas, livros, arrebatava prêmios. Era verdade: um bom equipamento ajudava, e muito.

Só que aquilo tudo cansava. Grandes regatas em grandes barcos exigiam tripulações mais numerosas. Além da exigência esportiva, era necessário gerenciar o barco, controlar suprimentos, encarar dias sem banho e uma trabalheira tremenda. Por isso, ele passou a se encantar com barquinhos das classes menores, até para tentar domar o vento e o mar no braço. E, assim, conseguiu boas vitórias em classes como a Star. De certa forma, aquilo tinha mais jeitão de esporte. Uma dessas vitórias foi uma regata de Star em que foi proeiro de Lars Grael. Foi um triunfo em um dia quase sem vento – e ao lado de um dos maiores atletas olímpicos da história brasileira.

Já no trabalho, também buscava novos ventos. O mercado acionário brasileiro se recuperava lentamente do tombo de 1971 e a confiança da população nas bolsas tinha evaporado. Mas as corretoras que sobreviveram ao colapso – e a Baluarte era uma delas – tiveram de se adaptar e mudar o portfólio de investimentos. Era hora de partir para câmbio e renda fixa, porque era por aí que o dinheiro girava.

Nabuco gostava da lógica do mercado de ações, além de mais agitado e imprevisível, oferecia um potencial maior de rentabilidade. Só que a crise era de confiança: se as bolsas de valores, que quebraram tanta gente, não se tornassem mais seguras e transparentes, não haveria jeito de trazer de volta o investimento. Nabuco também era um jovem animado que procurava novas possibilidades de negócios, e achava que influenciar mais na rotina da Bolsa de Valores de São Paulo seria o caminho perfeito. Assim, em meados dos anos 1970, já participava dos grupos políticos da Bovespa. Em 1979, tornou-se vice-presidente. Mas nem por isso deixou de sentir um frio na barriga quando o presidente Manoel Octávio Pereira Lopes o avisou, em um simpósio no Ceará, que ele seria o próximo presidente. E o susto se justificaria assim que ele assumiu o órgão, em janeiro de 1980.

Naquele momento, todos os diretores e superintendentes pediram demissão, aproveitando a troca de gestão para se livrar da encrenca que era gerenciar uma entidade com sérios problemas administrativos. De repente, Nabuco ficou sozinho e com um abacaxi na mão. A bolsa, quem diria, estava descapitalizada. A entidade, que reunia corretoras endinheiradas, não tinha como pagar os salários dos funcionários ao fim do mês.

No entanto, havia um fundo que existia para garantir as ações e o novo presidente não teve dúvidas: enfiou a mão nele para colocar as contas em ordem. Foi a primeira encrenca que arrumou com a Comissão de Valores Mobiliários, uma espécie de xerife do mercado de ações. O fundo não era para resolver problemas administrativos, mas mal sabia ele que esse seria o menor dos conflitos que teria com a CVM.

O fato era que Nabuco tinha aceitado o cargo porque queria modernizar a Bovespa, e pretendia moralizar a entidade também. Afinal, tudo de que o mercado de ações no Brasil precisava era de mais transparência, e os pequenos investidores só acreditariam na bolsa se tivessem certeza de que não havia manipulações de cotações, que havia alguém zelando por isso.

Só que depois, com um mês no cargo, eclodiu o "Caso Vale". Havia mais do que suspeitas de que o próprio governo – que controlava a então estatal Vale do Rio Doce – estava inflando as cotações da companhia para a alegria de algumas corretoras e espertalhões. Um lote grande de ações era vendido no início do pregão, as cotações caíam e a mesma turma que tinha vendido recomprava tudo no fim do dia com grande ganho financeiro. Como previa o regulamento da Bovespa, Nabuco suspendeu as transações. Naquele momento, tomou bordoadas de todos os lados: da Bolsa do Rio de Janeiro, que foi impedida de negociar os papéis, da CVM e de ministros do governo João Baptista Figueiredo.

Houve um inquérito e, no final, as ações da Vale voltaram a ser negociadas por pressão do governo. Nabuco perdeu a batalha, mas não a guerra. Ele seguiu firme no propósito de modernizar e moralizar o mercado. Além disso, novos produtos surgiram nessa época no mercado de ações, fazendo a Bovespa ganhar força. Quando assumiu a presidência, a Bovespa representava apenas 20% do volume negociado no Brasil, enquanto o Rio de Janeiro movimentava os outros 80%. Mas, aos poucos, a Bovespa empatou o jogo para, no final dos anos 1970, inverter as participações.

Só que a firmeza para tornar tudo mais transparente cobrou o seu preço. Nos dois anos de Nabuco à frente da Bovespa, 30 das 134 corretoras afiliadas quebraram por apostar na especulação (e também em função de uma maxidesvalorização cambial). Naquele momento, era duro ver colegas fechando as portas, mas fazia sentido mostrar que a autorregulação existia na bolsa, e, desse modo, o setor se tornava mais sério. O mercado de capitais cresceria muito nos anos seguintes por causa da transparência da Bovespa.

Na correria diária, Nabuco intercalava expedientes na corretora Baluarte e na Bovespa. Não havia tempo para muita coisa, mas, em uma volta ao Rio de Janeiro, Nabuco teve o seu espírito competitivo desafiado. Ele estava lendo a coluna de José Inácio Werneck do *Jornal do Brasil* no velho e barulhento avião Electra da ponte aérea. O jornalista era corredor e estava entusiasmado com a primeira maratona que era organizada no Rio de Janeiro pelo próprio jornal. E Nabuco já desembarcou em Congonhas com planos feitos, mas é claro que iria participar daquela festa, só que tinha dois problemas: o primeiro era o prazo, pois era agosto de 1980 e a corrida aconteceria já em novembro; mas o segundo era bem maior: Nabuco não corria...

No dia seguinte, foi atrás de treinamento. Quem corria mais forte na época em São Paulo era a turma da Polícia Militar e lá havia um treinador chamado Carlos Ventura. Nabuco se apresentou e pediu ajuda. O prazo era mínimo, e ele tinha que sair do zero para os 42 quilômetros em três meses, o que exigiria um atropelo total do bom senso. Diante daquilo, Carlão bolou uma planilha de guerra e passou-a ao novo discípulo. Era coisa de doido: dez quilômetros em um dia, quinze no outro, vinte no seguinte... não havia tempo a perder.

Para quem já tinha sofrido tanto quando nadador mirim nas mãos do pai, aquilo nem parecia tão duro. Fernando começou a nadar com quatro anos e, aos doze, ainda era acordado pelo pai com: "Vamos, hoje é dia de recorde". Saltava na piscina gelada e era instado a fazer o melhor tempo da vida naquele dia de treino. E o tempo fechava se não conseguisse. Tomava broncas pesadas.

Carlão até era delicado, mesmo assim Nabuco passou a acordar mais cedo para cumprir a planilha. Na primeira semana, já estava esgotado e preocupado. Em uma noite estava deitado quando começou a suar e ter palpitações na cama. Morava no bairro do Morumbi, então pegou o carro e foi direto ao hospital Albert Einstein. Não era grave, mas isso se repetiu umas nove ou dez vezes durante o ciclo de treinamento. Nabuco repetia os exames, mas não tinha nada, só uma extrassístole, arritmia pontual sem maiores consequências, um distúrbio que acontece por estresse, privação de sono e cansaço (ele acumulava um pouco de cada um desses ingredientes). Estava esgotado e treinava para uma maratona. Diante disso, o treinador Carlão aliviou um pouco a planilha e o ritmo de treino ficou suportável.

Embarcou para o Rio de Janeiro confiante. Estava mais magro e tinha até conseguido fazer um treino longo de 32 quilômetros. Qualquer principiante que treinasse míseros três meses para uma maratona estaria provavelmente apavorado na largada, só que Nabuco tinha sangue competitivo nas veias, gostava da adrenalina das estreias e não tinha medo da dor. Então, correu tranquilo, se divertindo com a atmosfera festiva. E correu forte, já que não sabia fazer diferente. Só cansou um pouco no final, mas completou sua primeira corrida da vida em 3h25 – sua primeira corrida de rua já tinha sido uma maratona sub-4 horas.

Voltou do Rio de Janeiro maravilhado. Queria mais daquilo, mas São Paulo oferecia poucas opções além da São Silvestre e de umas poucas provas curtas com participantes basicamente da Polícia Militar. Além disso, Nabuco também queria relatar o que vira no Rio de Janeiro, por isso marcou um encontro na casa de um amigo no bairro do Pacaembu. Lá, estavam ainda o já corredor Vítor Malzoni, dono da corretora Ultracred, e o empresário Flávio Aronis, que era da turma do polo aquático. Nabuco falou da maratona e da Corja, a associação de corredores do Rio de Janeiro, e disse que São Paulo precisava ter provas e alguém que as organizasse. Estava nascendo, naquela noite, no Pacaembu, a Corpore, a abreviação de Corredores Paulistas Reunidos.

Mais gente se incorporou ao núcleo que formou a primeira diretoria da associação. Contudo, na realidade, existiam dois grupos independentes de corredores: Nabuco, Malzoni, Aronis e outros empresários, que se encontravam para treinos no Parque Ibirapuera; e uma turma de professores e alunos que corriam no campus da USP, como Manuel Garcia Arroyo, o Vasco, Merryl Beckerman, Hélio Takai e vários outros. Os dois grupos se uniram e passaram até a treinar juntos na USP no meio da tarde de sábado. Assim, a Corpore foi ganhando corpo, por assim dizer, e nasceu oficialmente em 3 de abril de 1982. Fernando Nabuco foi seu primeiro presidente, e o primeiro objetivo foi criar boas corridas de rua em São Paulo.

Depois disso, a Corpore organizou seu primeiro evento no quintal de casa. Na prova de seis quilômetros do Ibirapuera, o "pau comia". Os mais rápidos da cidade, que depois se destacariam no atletismo nacional, se matavam para completar as duas voltas de três quilômetros. Tudo ainda incipiente, não tinha chips amarrados aos tênis aferindo tempos, nada de requintes tecnológicos, apenas o número no peito, o copo d'água e uma medição precisa do percurso. O começo era assim.

E enquanto a corrida de rua crescia, os empresários que fundaram a associação já estavam mirando um segundo objetivo. Ao mergulharem naquele novo mundo, sobretudo Nabuco e Vitinho Malzoni, perceberam a falta de apoio aos atletas de elite. Ninguém, nem federação, nem governo, olhava por eles.

A Corpore podia assumir essa função, então o treinador Vanderlei Oliveira ficou com a tarefa de detectar talentos perdidos e sem apoio. Um deles foi o paraense Agberto Guimarães, um meio-fundista que já tinha representado o Brasil nos Jogos Olímpicos de Moscou em 1980. Representado bem demais, aliás: ele chegou à final dos oitocentos metros e ficou a um passo da medalha de bronze. Depois, durante uma entrevista, chorou com a decepção do quarto lugar, queria que o País se orgulhasse dele.

Anos depois, ele teve um problema sério e desmaiou na chegada de um Campeonato Brasileiro de Atletismo no Ibirapuera. Passou mal mesmo e foi levado a um hospital de Guarulhos. Nabuco e Malzoni ouviram falar da história e acharam Agberto jogado precariamente em um leito do hospital público. Na mesma hora, chamaram uma ambulância e o removeram para o Einstein, rachando a conta do hospital. Um atleta daquele quilate merecia mais consideração. Assim, a Corpore seguiu apoiando, e a resposta veio em resultados. No Pan-Americano de Caracas, em 1983, Agberto ficou com o ouro nos 800 e nos 1500 metros. Já no ano seguinte, cravaria o recorde sul-americano nos oitocentos metros com 1min43s63 no Meeting de Koblenz, na Alemanha.

O recorde só durou pouco porque um brasiliense de 1,88m ouviu e gravou na memória aquela chorosa entrevista de Agberto em Moscou. Joaquim Cruz estava começando a se destacar no atletismo e era fã de Agberto. Ele foi outro atleta adotado pela Corpore no início dos anos 1980, assim como o meio-fundista Zequinha Barbosa. E Joaquim também devolveu rápido o investimento: em uma prova inesquecível nos Jogos de Los Angeles, em 1984, bateria os favoritos britânicos Sebastian Coe e Steve Ovett, e ficaria com a medalha de ouro nos 800 metros.

Desse modo, a Corpore crescia em duas frentes. Por um lado, a associação se firmava como organizadora de corridas de rua e, por outro, como incentivadora do atletismo nacional. Além disso, outros empresários e profissionais liberais apareciam para engrossar as fileiras da associação. Com mais gente ajudando a tocar a entidade, Fernando Nabuco teve tempo para novas divagações esportivas. Em dado momento, ficou sabendo que haveria, em 1983, a primeira competição de triatlo no Brasil. O esporte era relativamente novo, havia nascido em 1974 quase por acaso em um clube de corrida em San Diego, na Califórnia. Nas férias, os treinadores desenvolveram uma planilha que intercalava outros esportes para descansar o corpo dos atletas. Mas o espírito competitivo distorceu o propósito e, quando o pessoal se deu conta, já estava fazendo uma força brutal no momento em que devia estar relaxando. Assim, os primeiros triatlos tinham quinhentos metros de natação, doze quilômetros de pedalada e cinco quilômetros de corrida.

Já a estreia do esporte no Brasil seria numa prova no Rio de Janeiro com a natação saindo do Flamengo, o ciclismo passando pelo elevado do cais do porto até a ponte Rio-Niterói e terminando com a corrida no Aterro do Flamengo. E Nabuco desconfiava que aquele esporte era a sua cara. Havia sido nadador olímpico e estava correndo bem, só faltava o ciclismo. Isso, de fato, era um problema. Ele não pedalava nem tinha uma bicicleta para chamar de sua. Então, um amigo emprestou a bike e Nabuco partiu para o seu primeiro triatlo. Por fim, na natação foi um passeio, deixou todo mundo para trás. Já no ciclismo... realmente não sabia pedalar: achou que deveria ir de tênis, não de sapatilha; errou o tempo todo as marchas e só trabalhou com as mais pesadas. Acabou esgotado e se arrastou na corrida. Foi uma desgraça, até passou pela sua cabeça a ideia de nunca mais fazer aquilo, mas, da mesma forma que o pensamento chegou voando, ele rapidamente sumiu no céu.

Na volta a São Paulo lá estava Nabuco querendo organizar a primeira competição de triatlo na cidade. E a USP era o local perfeito: tinha a raia que era usada pelo pessoal do remo e poderia servir bem à natação. Além disso, contava com muitos quilômetros asfaltados para o ciclismo e para a corrida. O problema para as bicicletas era o excesso de curvas, ideal mesmo seria levar a etapa da competição para a Marginal Pinheiros, ao lado do campus da USP. Assim, com a influência da cartolagem da Corpore, o primeiro triatlo de São Paulo interrompeu a pista expressa da Marginal por algumas horas.

Umas 150 pessoas participaram da prova, que só não seria um sucesso por dois motivos: dois atletas tiveram ataques cardíacos e morreram. Dois! Era uma daquelas trágicas coincidências capazes de matar um esporte antes mesmo de ele nascer. Mas não foi o caso. Nabuco não desistiu e, em 1985, organizou, em conjunto com os amigos Flávio Aronis e Vítor Malzoni, uma competição que entraria para a história do esporte brasileiro. Era um triatlo com a distância olímpica (1,5 quilômetro de natação, quarenta quilômetros de ciclismo e dez quilômetros de corrida), que aconteceu no Guarujá.

Os empresários abriram a carteira para trazer os líderes do ranking mundial ao Brasil. E a turma era mesmo da pesada: Mark Allen, Dave Scott, Scott Molina, os melhores. Anos antes, Aronis tinha visto de perto Allison Roe, da Nova Zelândia, bater o recorde mundial na Maratona de Nova York (2h25). Ao saber que ela migrara para o triatlo, encasquetou que a linda Allison precisaria estar no evento. Tanto infernizou a moça que ela não teve como recusar. No fim, Allen venceria a prova masculina, mas seria a vencedora feminina que estamparia fotos nas páginas de esporte dos jornais e até na revista *Placar*, que se ocupava mais de futebol. Depois, Allison venceu fácil a categoria feminina e ficou em décimo lugar no geral, só chegando atrás de nove marmanjos.

A empolgação com o triatlo foi total. E, ainda por cima, Nabuco olhou para o filho e enxergou ali um potencial. Fernando Luis

Nabuco Filho já competia na natação aos quatro anos de idade, chegou a ser campeão infantil, mas acabou enveredando para o tênis. Representava o Clube Paulistano nos torneios e levava jeito para a coisa. Aos catorze, já estava no top 10 do ranking brasileiro. Mas era o triatlo que pedia passagem. Além disso, Nabuco via nisso uma forma de ficar perto do filho, por isso botou o moleque para treinar com ele. Acordava o garoto ainda com a noite fechada para pedalar na USP. Depois da escola, na hora do almoço, Fernandinho nadava na principal academia de natação da cidade, o Projeto Acqua. E à tarde corria dentro do Jockey Clube de São Paulo.

Nas primeiras provas, era rebocado pelo pai: "Vamos, Fernando, vamos". Aos poucos, foi ganhando força e precisava de menos suor para acompanhar o ritmo. Em uma prova que fizeram no interior da França Fernandinho chegou na frente de Nabuco pela primeira vez. Mas para o pai, apesar de competitivo e de querer chegar sempre entre os primeiros, aquilo era mais motivo de orgulho do que de frustração. O filho nadava tão bem quanto ele, pedalava muito melhor e estava com a corrida evoluindo. Fernandinho logo estaria entre os melhores triatletas do Brasil.

Contudo, inquieto, Nabuco já começava a sonhar com um desafio pessoal maior. Tratava-se do Ironman (1,9 quilômetros de natação, 180 quilômetros de bicicleta e 42 quilômetros correndo), que exigiria um tempo de treinamento de que ele não dispunha, mas ele não tinha saído do zero aos 42 quilômetros em três meses quando estreou na maratona do Rio de Janeiro? Decidiu meter as caras. Foi ao Havaí em 1984 e sofreu para completar o percurso em treze horas. O início no mar foi tranquilo, levou 1h04 para nadar os 3,8 quilômetros. Então estava no grupo da frente. O sofrimento começou na modalidade seguinte: demorou quase sete horas para vencer os 180 quilômetros no pedal e ainda tinha uma maratona para completar.

Intercalando corridas com caminhadas, levou 5h12. Para piorar, quando faltavam uns duzentos metros para a chegada, foi ultrapassado pela esposa do jornalista José Inácio Werneck, aquele mesmo que o estimulara a correr a primeira maratona. A americana Dawn Werneck era uma boa atleta, mas era uma mulher. Ser ultrapassado por ela era quase um insulto no ambiente machista da época. Dawn ainda deu um tapinha no traseiro de Nabuco: "Vamos, Fernando, falta pouco".

Estava mais do que na cara que Nabuco precisaria treinar mais, muito mais. Já em 1987, deu um salto de rendimento. Fez uma prova equilibrada, nadou e pedalou mais rápido. Por fim, conseguiu completar a maratona em 4h31. Na soma de tudo, fazer um Ironman aos 43 anos e terminar entre os quinhentos melhores com 11h44 estava bom demais. Por isso, descansou um ano e se planejou para encarar o Havaí em 1989. Mas queria uma parceria desta vez, então botou pilha no filho triatleta para que o acompanhasse. Fernandinho treinava para competições de 1,5 quilômetro de natação, quarenta quilômetros de pedal e dez quilômetros de corrida, mas o convite era para que participasse de uma prova quatro vezes mais dura. O filho até ensaiou uma recusa, mas não teve jeito, quando percebeu, já estava inscrito pelo pai.

O empresário fez a sua prova. Tinha planejado tudo, queria bater o seu recorde pessoal. Começou nadando forte, abaixo de uma hora. Era sua especialidade, por que não aproveitar para tirar alguns minutos já ali? Na bicicleta, foi ainda mais rápido, 5h45, vinte minutos a menos que a marca de dois anos antes. Mas poderia ser muito melhor.

Só que aí, no entusiasmo, Nabuco acabou se descuidando da suplementação e teve uma hipoglicemia no quilômetro 120. Foi como se simplesmente fosse cortado o combustível do motor, e a força de sua perna sumiu. O jeito foi parar, tomar coca-cola lentamente até que o nível de açúcar no sangue se estabilizasse. Perdeu tempo aí e também na corrida, quando sua maratona precisou ser mais conservadora. Terminou a prova na raça em 11h29. E, depois, recuperado do cansaço, queria saber como tinha ido o filho em sua estreia no Ironman.

Mesmo largando no meio do bolo, Fernandinho caprichou na natação. Nadou demais, saiu da água no grupo da elite com 52min17. Estava simplesmente embolado entre os onze primeiros, a um minuto das lendas Mark Allen e Dave Scott que venceriam doze Ironmans ao longo da vida (Allen e Scott ganharam seis vezes cada um no Havaí). Em seguida, Fernandinho pedalou forte por 5h25 e partiu para a corrida já bem desgastado. Nunca tinha corrido uma maratona, ainda mais depois de pedalar e nadar feito gente grande. Colocou um ritmo possível de doze quilômetros por hora e parou no quilômetro dezoito com uma tremenda cólica. Para ele, não era uma opção seguir caminhando e completar o Ironman. Se fizesse isso, ainda teria completado a prova em pouco mais de onze horas, um resultado mais do que honroso para uma estreia em Ironman sem treino específico. Nabuco não o perdoaria jamais pela desistência.

E Fernandinho não era o único no casarão da família Nabuco no Morumbi a seguir os passos esportivos do pai. Sílvia era ainda mais danada. Sua facilidade para se destacar nos mais variados esportes impressionava a todos. Nenhum dos filhos era cobrado pelo boletim escolar. Não se perguntava se eles tinham se saído bem nas provas. A dúvida era outra: “Treinou bem hoje?”.

Assim, aos treze anos, Sílvia já era campeã paulista de atletismo nos oitocentos metros. Aos dezesseis, vice-campeã brasileira de *windsurf*. No ano seguinte, terceira colocada no brasileiro de esqui na neve. Aos dezoito, foi para um intercâmbio na Califórnia e, de cara, já era campeã pela escola, nadando os cinquenta e cem metros. Depois, voltou ao Brasil e trocou mais uma vez de modalidade: subiu na bicicleta e se tornou campeã brasileira de ciclismo em estrada e em pista. Foi vice na 9 de Julho, a prova mais importante do ciclismo brasileiro, e passou a apresentar ótimos resultados em distâncias variadas. Por isso foi convocada para integrar o time brasileiro no ciclismo no Pan-Americano de Havana em 1991.

O orgulho era enorme. Os dois filhos confirmavam a vocação esportiva da família. Combinavam talento e garra em qualquer modalidade que escolhessem. Contudo, naquele início de anos 1990, foi justamente um problema familiar que tirou o chão de Nabuco. Ele entrou em parafuso quando foi descoberto um câncer no irmão Roberto. Além de companheiro, o irmão mais novo era sócio na Baluarte e cuidava de toda a parte administrativa.

A morte de Roberto provocou outros estragos. Com a cabeça em desordem, Nabuco arranjou uma namorada e saiu de casa. A esposa, Silvana, entrou em depressão e se isolou. O esporte, sempre o esporte, seria a válvula de escape dela: ela retomou um hábito da juventude e voltou a nadar. Muito. E com estilo. Seis meses depois, estava competindo. E já no primeiro torneio que disputou, subiu ao pódio. Mas não era um torneiozinho qualquer de clube. Aos cinquenta anos, ela ganhou duas medalhas de prata no Mundial Master de Indianápolis nos Estados Unidos. E para a ironia das ironias, venceria depois a australiana Down Fraser, que havia levado a medalha de ouro nas mesmas Olimpíadas de Roma que o marido competiu e nem passou das eliminatórias.

Nabuco não demorou muito para perceber a bobagem que havia cometido e pediu perdão. Ele acabou voltando para casa, só que Silvana, agora, era outra. Em apenas seis meses de separação, ela havia se transformado e gostado da nova vida de atleta. Seguiu forte nisso. Quatro anos mais tarde, quebraria dois recordes mundiais na categoria master dos cinquenta e cem metros costas. Ainda viria mais um recorde sul-americano nos cinquenta metros borboleta, quando resolveu partir para novos desafios. Naquela época, passou ainda a ir com mais frequência ao Guarujá e, lá, ficava no barco da família e treinava no mar, à noite. Desse modo se preparava para as travessias no mar. E assim venceu os três quilômetros no Mundial Master da Nova Zelândia e os cinco quilômetros no Mundial de Munique.

Já Nabuco estava desacelerando após os Ironmans de 1984, 1987 e 1990. Ele seguia fazendo triatlo, mas era mais torcedor do que competidor. Enquanto isso, Fernandinho estava se destacando na elite do triatlo nacional. Ele tinha vencido o biatlo de Ilhabela em 1990 e andava no grupo que tinha triatletas destacados, como Leandro Macedo e Alexandre Manzan. Ainda foi ao Mundial da Austrália e terminou entre os quarenta melhores. Sabia exatamente onde precisava evoluir: era excepcional na natação, muito bom no ciclismo, mas a corrida deixava muito a desejar. Quando competia com Leandro Macedo, o número um do Brasil, abria larga vantagem na água e segurava a dianteira no pedal. Mas fazia os dez quilômetros da corrida na faixa de 38 minutos, enquanto Leandro era no mínimo seis minutos mais rápido. Ali se decidia o pódio. Nabuco sabia que essa era a deficiência do filho e o plano era justamente melhorar esse treinamento que havia sido negligenciado em anos anteriores.

Só que o plano foi esmigalhado em uma noite de 1994. Fernandinho saiu para treinar pelas ruas do Morumbi com alguns companheiros. Ele resolveu descer o acidentado bairro por um caminho pouco usado pela turma, mas não sabia que os moradores tinham colocado um quebra-mola gigante no meio da rua para impedir que a molecada descesse ali de skate. A roda da frente da bicicleta bateu no obstáculo e Fernandinho saiu voando. Deu um twist carpado no ar antes de bater com a coxa na guia. O fêmur direito quebrou perto do quadril, e foi uma fratura séria, porque foi em rotação, o osso torceu até se partir. Foi de ambulância ao Hospital Albert Einstein e passou por uma cirurgia bem-sucedida, mas uma série de equívocos em sua reabilitação impediu que ele andasse normalmente. Um ano e meio após o acidente, ele ainda estava de muletas. E a perna direita ficou três centímetros menor. Sua carreira do triatlo chegava ao fim. Fernando até conseguiu voltar a competir (e ser campeão) no *kitesurf* em Ilhabela, mas nunca mais correria.

Diante daquilo, a frustração de Nabuco foi dupla. Sofria pelo filho e por ele mesmo. De alguma forma, Fernandinho poderia ter sido aquilo que ele havia renunciado lá atrás, nos anos 1960, como nadador. Mas, ao mesmo tempo em que o filho saía de cena, a filha mais velha enveredava justamente para o triatlo. Depois de isoladamente nadar, correr e pedalar, Sílvia decidiu unir as três atividades. E, como sempre, quando se propunha a abraçar algum esporte fazia isso bem.

Já em 1997, ela era campeã brasileira amadora de triatlo. No ano seguinte, era a quarta no Mundial de Triatlo na Suíça. Ainda conseguiu um estágio de três meses na Austrália e partiu para treinar com os melhores.

Mas nem deu tempo de o coruja Nabuco se empolgar muito com os feitos da filha triatleta. Com a mesma facilidade com que evoluía nos esportes, Sílvia desistia deles, justamente quando estava vivendo os melhores resultados.

Em um fim de semana na casa de uma amiga na praia da Baleia, no litoral norte de São Paulo, Sílvia resolveu experimentar o surfe. E gostou, percebeu que levava jeito. Aos 35 anos, começava tudo de novo... Em 2003 já era a quinta no Campeonato Brasileiro Amador de Surfe. Aí se encantou pelas ondas gigantes e provou que não tinha medo de encarar o perigo. Já na primeira viagem ao Havaí pegou ondas de seis metros em Waimea. Em 2014, ela talvez tenha sido a mulher que surfou a maior onda da temporada no mundo. Há controvérsias, as medições não são precisas e são feitas por comparativos entre fotos e vídeos. Mas não há dúvida de que a onda surfada por Sílvia em Jaws, no Havaí, era mesmo enorme, algo perto de sete metros. O problema é que a entidade americana que premia os melhores do ano, a Billabong XXL, não permite que dois surfistas sejam avaliados pela mesma onda. No vídeo enviado, o brasileiro Danilo Couto entra antes na onda de Sílvia.

Não deixa de ser irônico que o clã esportivo Nabuco, sempre dominado por Fernandos, hoje esteja sendo representado na elite pelas mulheres, com Sílvia no surfe e Silvana na natação master, que estão entre as melhores do mundo naquilo que se propuseram. Além de ter desacelerado no esporte, Nabuco também reduziu a velocidade no dia a dia. Em 1995, vendeu a corretora Baluarte e ficou apenas com a operação de câmbio. Estava cumprindo o planejamento feito muitos anos antes.

Depois, ele comprou grandes extensões de terra perto de São Paulo e esperou a capital crescer para as áreas se valorizarem mais. Quando chegasse a hora, construiria condomínios. É o que faz hoje. Tem um grande projeto em Itaquaquecetuba e outro em Cotia. Já no terceiro terreno, sofreu um revés. A área que comprou em Guarulhos ficou justamente no caminho do Rodoanel da capital paulista e foi desapropriada. Corre na Justiça um processo para a determinação do valor das indenizações.

Contudo, a paixão pela velocidade não evaporou quando abandonou a motonáutica na virada dos anos 1970. Ele tinha uma queda pelas corridas de carro, na época, que se intensificou à medida que frequentava a fazenda Capuava de Alcides Diniz, irmão de

Abilio. Cidão, como era conhecido – ele faleceu em 2006 –, montou um verdadeiro *playground* para adultos na região de Campinas. O espaço contava com um autódromo de dezesseis curvas e mantinha uma coleção respeitável de carros rápidos, como o Ford GT40 e uma Mercedes que correu as 24 horas de Le Mans. Aos fins de semana, era possível brincar na fazenda de Fittipaldi, de vez em quando com a presença do próprio Emerson. Assim, aos poucos, foi brotando o sonho de correr as Mil Milhas de Interlagos. E o projeto de subir ao pódio numa corrida dessas vai muito além da pilotagem: é preciso antes ter um carro veloz e, principalmente, resistente.

Nabuco partiu para Alemanha em 2003 para comprar um Porsche de competição. No fim, voltou com o carro e com o mecânico. Não um mecânico qualquer, mas um especialista da fábrica que funcionaria quase como um chefe de equipe. Quase, porque o chefe da equipe era mesmo o próprio Nabuco. Ele conseguiu convencer dois pilotos do primeiro time (Ingo Hoffmann e Xandy Negrão) e um ótimo empresário-piloto (Ricardo Etchenique). A vantagem de ter alguém da família que controlava a máquina no time é que Etchenique dividiria a salgada conta do projeto com Nabuco e uns poucos patrocinadores.

No entanto, o empresário faria ainda o papel de quarto piloto da equipe, mas ele não era tolo e sabia que ajudaria mais na vitória se ficasse no boxe. Em uma só volta, Ingo chegava a ser quatro segundos mais rápido do que Nabuco, o que era uma eternidade. Por isso, Ingo, Xandy e Ricardo pilotaram quase o tempo todo, e Nabuco deu duas voltinhas, contribuindo mais na liderança da equipe ao lado dos mecânicos.

A corrida não foi fácil, e o outro Porsche de Raul Boesel passou a madrugada inteira na ponta. A durabilidade do Porsche 911 GT3 de Nabuco, no entanto, foi determinante nas doze horas de corrida. Valeu a pena ter ido até a fábrica para trazer um ótimo mecânico e especialista naquele modelo. Assim, o quarteto subiu ao pódio e explodiu a champanhe da vitória. E o nadador, jogador de polo, piloto de lancha, comandante de barco, maratonista, ciclista e triatleta também era, agora, um campeão em corridas de carro.

Foram três anos no automobilismo, a confusão toda para arranjar patrocinadores, montar equipe, conseguir carro e organizar tudo cansava mais do que Ironman. Precisava de um esporte que dependesse de menos gente. Um dia resolveu aceitar o convite do amigo de infância Luiz Felipe Tavares, um ex-tenista que fez fortuna organizando eventos esportivos na empresa Koch Tavares. Nabuco topou aprender a jogar golfe, tomou algumas lições em Miami, e se tornou frequente no São Paulo Golfe Clube. Nunca soube relaxar de verdade, quando se deu conta estava treinando para valer, e melhorando. Chegava a bater mil bolas em um único dia. Aprimorou a técnica e chegou ao handicap oito. Não é pouco. Isso quer dizer que se um profissional do esporte precisa de 72 tacadas para emborcar bolas nos dezoito buracos de um determinado campo, o sujeito com o handicap oito gasta por volta oitenta tacadas para fechar a volta. Quanto mais baixo o handicap, melhor o jogador. E oito é bem pouco.

Nabuco logo estava apostando partidas com os novos e velhos amigos que fez pela vida. Sempre a dinheiro. Alguns jogos chegavam a valer 10 mil dólares, mas isso não o preocupava. Descobriu rápido que se pode ganhar e perder dinheiro graúdo em um determinado dia, não no longo prazo.

Não existem otários nem grandes espertalhões no golfe, e os melhores oferecem tacadas de vantagem aos piores. Assim como em uma bolsa de valores, "o mercado se autorregula", e, em um ano de apostas no golfe, é grande a possibilidade dos ganhos e perdas se anularem.

O esporte, no entanto, trouxe problemas físicos. Nabuco não se preparou ao longo da vida para o *swing* das batidas e a coluna pediu clemência alguns anos após virar golfista. Precisou reduzir o ritmo e o jogador fanático se transformou em jogador eventual. Precisava praticar um novo esporte, e um esporte que fosse mais generoso com o corpo.

Aos 60 anos, a corrida estava fora de questão, o impacto do tempo também havia deixado um rastro doloroso nas articulações. Contudo, ele voltou a pedalar, e com gosto. Aos fins de semana se desloca até a Estrada dos Romeiros, um dos redutos prediletos dos ciclistas na Grande São Paulo. Já durante a semana, recorre, em sua casa, no Morumbi, ao "rolo", um suporte que permite pedalar na bicicleta sem sair do lugar. Parece pouco para quem passou a vida rodando perto do limite. Mas trezentos quilômetros mensais pedalados está longe de ser pouco para um senhor de 71 anos – com corpo e mente de alguém bem mais jovem.

A HISTÓRIA DA HISTÓRIA

POSFÁCIO

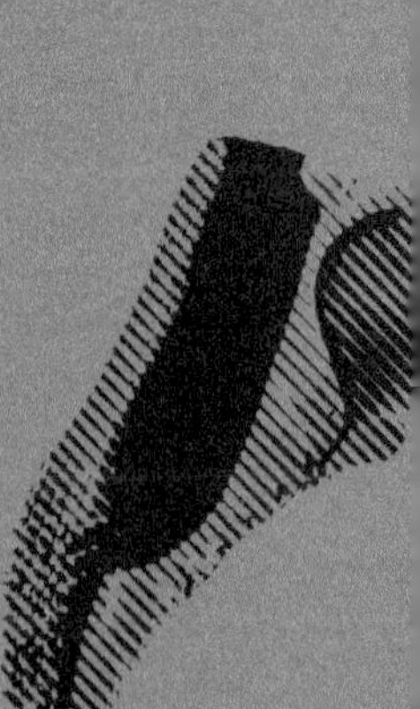

AOS POUCOS, a ideia inicial de escrever um livro sobre maratonas evoluiu para a proposta de um livro sobre pessoas influenciadas pela maratona. Poderíamos ter falado da história da prova, ter incluído talvez algumas planilhas de treinos ou quem sabe dicas de nutrição esportiva. Afinal, no início de 2014, estávamos assim. Eu havia conhecido o empresário José Luiz Alquéres anos antes, quando apurava informações para a publicação do livro *Operação Portuga*. Zelão, como é conhecido entre os amigos, generosamente permitiu que eu publicasse um texto que havia escrito sobre seu genro Felipe Wright, um dos personagens principais do livro. Então, o tempo passou, e ele decidiu realizar o sonho de abrir uma livraria. Quer dizer, o sonho foi ampliado, já que a motivação central eram os livros. E, em vez da livraria, Alquéres criou uma editora. Assim nasceu a Edições de Janeiro, e assim surgiu o convite para escrever um livro sobre as maratonas que o genro tanto perseguia.

Foi a sócia da editora, Renata Nakano, quem colocou o projeto nos trilhos. Ela sugeriu que levantássemos umas poucas e boas histórias de maratonistas. Assim, achamos um caminho: seriam relatos de pessoas que alcançaram a realização profissional, e o fio condutor, claro, seria a maratona. De alguma forma, o fato de serem maratonistas teria de contribuir para o sucesso em sua carreira e em suas vidas. Foi delicioso garimpar os personagens. Ouvir os treinadores e amigos que fiz na corrida ao longo dos anos. Desse modo, com as sugestões anotadas, partimos para as entrevistas. E aí tudo começou a complicar...

No fundo, eu não percebi o tamanho da encrenca. Porque não se tratava de uma maratona, mas de uma ultramaratona em subida e a mais de quarenta graus Celsius. Acreditei que o livro seria um conjunto de reportagens. Não, o livro era um conjunto de livros menores. Pequenas biografias no tamanho, mas não na apuração. Oito personagens que necessitavam de dezenas de entrevistas e centenas de checagens para que suas histórias parassem em pé. Assim, tinha que cavoucar o tempo para esse trabalho no meio de uma rotina profissional que não é exatamente folgada. Eu comando quatro revistas da Editora Abril (*Playboy*, *Placar*, *Men's Health* e *Women's Health*), toco dois blogs diários, tenho uma coluna na Bandnews FM e ainda comento dois jogos de futebol pela rádio. Acreditava que seis meses seriam suficientes para escrever o livro, mas foi preciso mais de ano. Além disso, "fim de semana" virou uma expressão um tanto imprecisa, minhas semanas emendavam umas nas outras.

Seria um tormento se não fosse um prazer. As histórias são todas inspiradoras, e conhecer melhor cada personagem foi um presente. Aprendi quilômetros de sabedoria nas entrevistas. Mas é verdade que comecei tropeçando, porque achei que seria possível primeiro entrevistar loucamente para organizar tudo depois. Que poderia apurar vários capítulos ao mesmo tempo. Não dava. Para mergulhar no personagem principal do capítulo era necessária quase uma dedicação exclusiva para aquela história. Tinha que terminar uma para depois começar outra, precisava ser assim.

Ainda por cima, logo no início fiz uma alteração no número de personagens. Eram oito, mas viraram nove. Já na primeira entrevista com Graciema Bertoletti, percebi que precisaria conversar bastante com sua irmã gêmea, Edith. Graciema era a personagem perfeita: uma economista inquieta que construiu carreira internacional e virou referência no mercado de fusões e aquisições de empresas. Além de maratonista forte, seu desempenho a coloca nos pelotões masculinos nas provas. Tudo certo, era uma ótima personagem.

Ou quase: quando entrevistei a irmã advogada, Edith, percebi o "problema". Graciema e Edith podiam não ser uma só, mas eram complementares. As duas fizeram e construíram trajetórias profissionais paralelas, cada uma em sua área. Elas corriam juntas e corriam maratonas quase com os mesmos tempos. Dessa maneira, entrevistei as duas separadamente em cafés no bairro do Itaim – porque é claro que os escritórios das duas ficavam no mesmo bairro, elas tiravam férias com as famílias todas reunidas e gostavam dos mesmos programas. Nas maratonas, essa simbiose se mostrava produtiva. Audaciosa, Graciema arriscava mais e aumentava o ritmo. Controlada, era Edith quem segurava a dupla e impedia as quebras. A dupla era perfeita. Porém, mais do que tudo, havia amor. Poucas vezes vi algo tão autêntico e profundo entre irmãos. Com as duas individualidades preservadas, elas formavam um terceiro ser. Assim, Graciema e Edith precisariam estar juntas também no livro.

Também as entrevistas com Márcio Utsch foram impressionantes. O presidente da Alpargatas demonstrou uma notável capacidade para contar histórias. Descreveu fatos com um elevado nível de detalhamento, sem perder o fio da meada. É natural, sobretudo quando estão falando de si, que as pessoas abram a primeira vírgula do aposto e se esqueçam de fechar. Márcio não. Lembro de ter perguntado a ele, na ampla sala da presidência da Alpargatas, em São Paulo, a respeito de sua primeira lembrança esportiva. Pois ele engatou uma descrição e falou por quase quinze minutos sem que eu precisasse interrompê-lo para pedir mais algum detalhe. Quando ouvi a gravação, percebi que ele tinha "escrito" para mim os primeiros parágrafos. Obrigado, Márcio, ajudou muito. Franco, ele não deixou de fornecer dados nem fugiu do tema.

Apenas em um momento senti algo esquisito. Havia perguntado sobre a sua semana de treinos e ele pulou a segunda-feira.

Então insisti e ele explicou que não costumava correr porque tinha uma "atividade social". Quis saber mais. Márcio pediu que eu não mencionasse no livro, porque ele evitava contar o que pudesse parecer marketing pessoal. Tratava-se de um trabalho voluntário que fazia na ala de crianças com aids do hospital Emílio Ribas, em São Paulo. Ele chega ao hospital às cinco horas da manhã, dá banho nos pequenos, bota nariz de palhaço e brinca com as crianças. As secretárias da Alpargatas sabem que até umas dez horas da manhã nem adianta tentar desbloquear a agenda. É o momento sagrado da semana. Assim, atendi ao pedido do executivo e não mencionei o fato no "capítulo dele". Mas, como este capítulo aqui é "meu", faço dele o que bem entender...

No entanto, se no capítulo de Márcio contei com um entrevistado bom de detalhes, o inverso aconteceu com Samuel Seibel. Foi difícil apurar e contar a história do maratonista livreiro. Simpático e cativante, Samuca não tem uma narrativa linear. Abre parênteses sem fechá-los. Começa uma história, lembra de outra, se distrai e nos leva junto em seu devaneio. O diabo é que os relatos secundários eram tão interessantes quanto os que ele contava inicialmente. E, para melhorar, as entrevistas com ele aconteceram no café que fica nos fundos de sua livraria na Vila Madalena. Quando fui escutar a gravação da primeira conversa, me dei conta de que ela estava quase inaudível, porque o som do café sendo moído na hora abafava o relato. Então, no segundo papo, sugeri que fôssemos para uma sala mais silenciosa. Samuca fez um muxoxo e insistiu no lugar. Resolvi deixá-lo confortável em seu habitat natural, porque, de fato, aquele ambiente carregava algo de simbólico, significava muito para ele. Afinal, foi em um café de livraria, no início da década passada, que teve o *insight* (ou a epifania, como gosta de dizer) que gerou sua mudança de vida. E seu escritório hoje não é uma sala fechada, silenciosa e refrigerada. Ele se sente mais relaxado no meio da confusão, mesmo que a máquina de café perturbe a boa comunicação.

Já Ricardo Chester é um amigo antigo da corrida. Nos conhecemos treinando com a mesma assessoria esportiva. Sua história de paixão pela maratona – e especificamente pela Maratona de Chicago – sempre me fascinou, merecia estar no livro. Achei que seria fácil escrever, já que conhecia a história de vida dele, mas me enganei: achei que conhecia. Sempre intuí que a relação de Chester com o esporte fosse de paixão, mas descobri que era de gratidão. Foi a habilidade no vôlei que o ajudou a pagar as contas na escola. E o caminho para a carreira de sucesso na publicidade também foi esburacado, empoeirado, difícil mesmo, mas valeu a pena.

Foi o treinador Marcos Paulo Reis quem me levou ao encontro de João Dionísio Amoedo. Eu não conhecia a sua trajetória, sabia apenas que era um executivo de sucesso que estava se aventurando na política. Logo ficou claro que isso era uma simplificação grosseira dos fatos. Brilhante gestor de pessoas e de recursos, João fez fortuna no mundo das finanças por acreditar que a vida é uma grande maratona. Planejamento, treinamento, controle do processo, vibração e determinação. É assim que se faz uma boa prova. E foi assim que João construiu uma vitoriosa carreira. Hoje, começar um partido do zero tornou-se para ele uma verdadeira missão, tão dura quanto uma maratona.

Temia pelo encontro com o juiz Antonio Manssur Filho. Achava que seria uma entrevista apressada, difícil. Afinal, sua rotina é uma gincana insana: ele pratica três esportes com a mesma intensidade que os atletas profissionais, gasta horas e horas de treinos. Ainda mora na zona sul e atravessa a cidade para comandar uma Vara na zona leste de São Paulo. Já no trabalho, é obcecado pela "mesa limpa": não admite o acúmulo de processos e é conhecido pelo alto grau de exigência. Assim, desafia diariamente o relógio, e todo dia parece que vai perder.

Diante disso, foi complicado marcar a entrevista. Mas, quando ela aconteceu, os temores se dissiparam. Manssur me recebeu de calção, camiseta e chinelo de dedo em seu apartamento. Sua mulher Cláudia tinha preparado salada, comida japonesa e tapiocas. Por mais estranho que possa parecer, a combinação fazia sentido, e a conversa foi a perder de vista. Sem pressa, sem olhar para o relógio. Desse modo, quatro horas depois eu tinha uma saborosa matéria-prima que virou história após o processamento de algumas dezenas de checagens e conferências. E dois detalhes me chamaram a atenção naquela noite: primeiro, um quartinho no fundo do apartamento. Parecia uma loja de suplementos. Nunca havia visto uma pessoa física com tantas proteínas, vitaminas e géis estocados. Também me surpreendeu o olhar da mulher. Não deveria ser a primeira, a segunda nem a terceira vez que ela ouvia todas aquelas histórias. Com vinte anos de casamento, nada daquilo devia ser muito original para a também triatleta Cláudia. Mas a expressão dela era de uma admiração que parecia não ter perdido a força naquele tempo todo.

Por fim, fazia muito tempo que eu queria escrever algo mais longo sobre Abilio Diniz. O Brasil da corrida deve muito a ele. Ao criar o Clube Pão de Açúcar e a Maratona de Revezamento, ele deu à luz milhares de corredores. Porém, antes de falar com Abilio, decidi investigar pelas beiradas. Descobri que a paixão de Abilio pela corrida e pela maratona teve cupidos, como a filha Ana Maria, que foi a primeira Diniz maratonista. Já seu outro filho, João Paulo, percebeu que a corrida tinha valores que poderiam ser incorporados ao dia a dia da empresa. Assim, Abilio começou tudo pelo estímulo dos filhos. Mas foi o treinador Vanderlei de Oliveira quem mais me ajudou no capítulo. É um presente encontrar uma fonte de boa memória e com capacidade para descrever ambientes e situações do passado. Vanderlei participou da gênese do projeto esportivo do Pão de Açúcar e é atento aos detalhes. Entretanto, foi em uma conversa em São Roque que percebi que o Abilio esportista "faca nos dentes" que eu conhecera nos anos 1990 havia ficado para trás. Quando perguntei sobre maratonas, ele me usou como exemplo para mostrar o que "não defende" hoje: "Aposto que você quer ficar a cada maratona mais rápido. Pelo seu peso, deve completar na faixa de 3h30, não?". Acertou na mosca, é exatamente o que sou. Abilio mudou, não prega mais a busca dos limites físicos. Está mais para ioga do que para maratona. Mais para o equilíbrio do que para a superação. Nem por isso renega o que disse e o que fez. Ele apoiou, incentivou e inspirou uma multidão que saiu do sedentarismo correndo por aí. Hoje, comandando o conglomerado BRF, segue fazendo o mesmo, agora com foco na qualidade de vida. Mudou o caminho, não a escolha.

Este livro foi publicado pela Edições de Janeiro com as tipografias Bebas Neue, Akkurat e Caecilia, usando papel offset 90g/m² no miolo e papel cartão 300g/m² na capa, em outubro de 2020.

ASSOCIADO CBL Câmara Brasileira do Livro